Buchhaltung -
Einstieg für Gründer und Selbständige

Stefan Scholz

Impressum

Buchhaltung – Einstieg für Gründer und Selbständige

von Stefan Scholz

© 2013 Stefan Scholz

Alle Rechte vorbehalten.

Autor: Stefan Scholz
Kontakt: info@gruendeninkiel.de

ISBN-10:   1493597272
ISBN-13:   978-1493597277

Dieses Buch, einschließlich seiner Teile, ist urheberrechtlich geschützt und darf ohne Zustimmung des Autors nicht vervielfältigt, wieder verkauft oder weitergegeben werden.

DISCLAIMER

Es ist traurig genug, daß man heutzutage ein Dokument mit einem Haftungsausschluss beginnen muß. Als Autor oder Berater ist aber das Risiko einer Abmahnung oder anderer rechtlicher Haftungsansprüche einfach zu groß.

Also: Dieses eBook liest sich wie eine Anleitung. Es ist aber schon wegen seiner eher lockeren Formulierung nicht als Handlungsanweisung zu verstehen. Schon gar nicht ist beabsichtigt, hier steuerliche Beratung durchzuführen, denn das obliegt selbstverständlich den entsprechend ausgebildeten und geprüften Steuerberatern. Das Gleiche gilt für eine rechtliche Beratung, die hier selbstverständlich nicht durchgeführt wird und beabsichtigt ist.
Mal im Ernst: ich leite hier lediglich zu bestimmten Überlegungen an. Wer diese in die Tat umsetzen möchte sollte also unbedingt Steuerberater und Rechtsanwälte - je nach Thema - konsultieren! In unserem Rechtssystem scheinen Fälle oftmals gleich gelagert zu sein, sind es aber bei genauer Betrachtung nicht. Deshalb: im Zweifel Fachleute fragen.

INHALT

	Vorwort	i
1	Zweck der Buchführung	1
2	Begriffe	3
3	Relevante Gesetze	7
4	Hinweise zur Belegsammlung	47
5	Tipps und Tricks	61
6	Terminplanung	81
7	Nachwort	83
8	Anhang	85

STEFAN SCHOLZ

VORWORT

Jetzt werden Sie sich sicher fragen, welche tiefen Geheimnisse ich in diesem Buch preisgeben möchte, die eines Haftungsausschlusses bedürfen. Nun, ich bin Praktiker und möchte aus meiner Praxis heraus einige Anregungen geben, nicht den gleichgemachten Standardbrei von Steuerverwaltern zu akzeptieren. Ich habe an solchen Orten selbst gearbeitet und kenne die heiligen Hallen der Steuerberatung aus meiner Berufsausbildung von innen. Wenn Sie so wollen, wurde da bereits die Grundlage für dieses Buch gelegt.
Meine latente Neigung zum Denken war zu dieser Zeit schon bei meinen Ausbildern weniger beliebt, denn es ist unbequem einem Azubi gegenüber seine Beurteilung von buchhalterischen Sachverhalten zu rechtfertigen, beziehungsweise zu erklären, wieso der Azubi denn jetzt wieder mal Unrecht hat. Richtig eklig wäre es zugeben zu müssen, daß da ein Funken Wahrheit am Einwand des Azubis wäre.
Da es mir trotzdem lieber war selbst zu denken, ging ich nach der Ausbildung in die Wirtschaft und blieb der Steuerberaterei nicht treu.

Seit nun auch schon wieder einigen Jahren bin ich als Unternehmens- und Gründungsberater (http://www.gruendeninkiel.de) tätig. Offensichtlich konnte ich einige Kunden überzeugen, so daß diese sich auch bezüglich ihrer Buchhaltung an mich wenden. Zunehmend nachgefragt ist auch das "Buchführungscoaching", welches Sie jetzt, zumindest teilweise, in Form dieses Buches vorfinden. Hierbei geht es darum ein Gefühl für die Zahlen des eigenen Betriebes zu vermitteln. Dies ist eine wichtige Voraussetzung, um sein

BUCHHALTUNG – Einstieg für Gründer und Selbständige

Unternehmen profitabel führen zu können.
Das eben genannte Buchführungscoaching habe ich zwischenzeitlich zum "Ämtercoaching" weiterentwickelt, da ich feststellen durfte, daß gerade viele Freiberufler und Kreative aufgrund schlechter Erfahrungen, oder auch aus genereller Abneigung externen Strukturen und Vorschriften gegenüber, Probleme mit dem Finanzamt und anderen Behörden vorprogrammiert sind. Hier kommt zusätzlich ein psychologischer Aspekt zum Tragen.

Ach ja, eins wäre noch wichtig: dieses Buch hat Einzelunternehmer als Zielgruppe. Für bilanzierende, größere Unternehmen sind meine Hinweise teilweise so nicht umsetzbar.

Nu, legen wir mal los! Nun kommen Sie schon...
Buchhaltung beißt nicht... Ehrlich!

STEFAN SCHOLZ

1 ZWECK DER BUCHFÜHRUNG

Warum zum Geier sollen wir uns als Unternehmer mit dem Papierkram auseinander setzen? Landläufig wird als Hauptadressat der Buchhaltung das Finanzamt gesehen. Sorry, das ist Unsinn. Die netten Damen und Herren beim Finanzamt stöbern gerne in der ferneren Vergangenheit. Wir Unternehmer sollten uns um die Gegenwart und die Zukunft kümmern. Tatsächlich ist Buchhaltung immer Vergangenheitsbewältigung. Wenn die Vergangenheit aber noch nicht so lange vergangen ist, dann hilft sie uns für das Tagesgeschäft. Schliesslich läuft der Laden nur dann nachhaltig, wenn der Rubel rollt. Geld bleibt am Monatsende aber nur auf dem Geschäftskonto, wenn wir unsere Ausgaben im Griff haben und nötigenfalls zahlungssäumigen Kunden auf die Zehen treten. Dafür brauchen wir die Buchhaltung. Sie gibt uns Informationen über die Liquidität und Planungshinweise für die künftige Entwicklung der Liquidität. Liquidität ist die Verfügbarkeit von "flüssigem" Geld. Guthaben auf'm Konto, klar?

Jetzt wird sich der aufmerksame Leser langsam

wundern, daß ich das Wort "Gewinn" noch nicht in den Mund, beziehungsweise in meinem Fall in die Tastatur bekommen habe. Gewinn ist nett, doch angesichts unserer zwischenzeitlich recht seltsamen Steuergesetzgebung zu sehr von einem wirklich betriebswirtschaftlich ermittelten Geschäftsergebnis entfernt. Somit ist die Aussagekraft recht beschränkt. An späterer Stelle lasse ich mich da noch ein wenig aus. Dazu kommt, daß ein Unternehmen einen granatenmäßigen Gewinn ausweisen kann und trotzdem die Kasse notorisch leer ist. Daher hat für den Fortbestand eines Unternehmens die Liquidität eine deutlich höhere Wichtigkeit!

Schön, bevor wir aber nun - typisch Deutsch - in die Gesetze reinschauen, klären wir mal noch ein paar Begriffe.

2 BEGRIFFE

Absatz versus Umsatz

Absatz meint die Menge an Waren und Dienstleistungen, die in einem Zeitraum verkauft wurden. Dies könnte bei einem Künstler die Anzahl an Bildern oder Büsten, beim Dienstleister die geleisteten Stunden und beim Händler die verkauften Stückzahlen sein. Ein Gastwirt könnte die Anzahl der Gäste, oder die von der Küche ausgegebene Anzahl der Mahlzeiten als Absatz rechnen.
Der **Umsatz** wiederum mißt die mit dem Absatz erwirtschafteten Euros. Speziell für Unternehmer, die quasi auf Vorrat arbeiten - ich meine hier nicht gegen Bargeld, sondern auf Rechnung - deckt sich Absatz mal Preis nicht mit dem Umsatz. Da ich hier in diesem Buch von kleineren Unternehmen ausgehe, die eine Einnahme-Überschuß-Rechnung beim Finanzamt abgeben, ist der Umsatz der Eurobetrag, der an Zahlungen tatsächlich eingenommen wurde. Wenn Sie als Freelancer nun für einen Kunden Software programmieren und haben 180 Stunden abgesetzt, werden Sie vermutlich erst im nächsten Monat den Umsatz für diese Dienstleistung haben. Ich

stecke hier also den Rahmen für den Umsatz etwas enger und auf kleine Unternehmen ausgerichtet. Ein Großunternehmen muß in seiner Bilanz (, genauer der Gewinn- und Verlustrechnung) den Umsatz im Monat der Leistung ausweisen und damit deckt sich für diese Unternehmen Absatz und Umsatz zeitlich.

Aufwendungen versus Kosten

Der Buchhalter spricht von Aufwand, der Controller mit seiner Kosten- und Leistungsrechnung von Kosten. Beide meinen tatsächlich auch fast das Gleiche. Leider nur fast. Bei der Überführung der Informationen der Buchhaltung in die Kosten- und Leistungsrechnung werden bewußt Abweichungen eingebaut, um betriebswirtschaftlich korrekter den Gewinn, hier genannt "Betriebsergebnis" zu ermitteln.

In unserem Zusammenhang, kleine Unternehmen betreffend, ist diese Spitzfindigkeit nicht so wichtig. Bitte nehmen Sie hier nur mit, daß Sie bitte korrekterweise von Aufwand reden, wenn Sie Kosten (im umgangssprachlichen Sinn) meinen. Und **Un**kosten gibt es nicht. Dieses Wort ist **un**möglich.

Betriebliche Erlöse

In unserem Kontext hier spreche ich mit betrieblichen Erlösen alle die Gelder an, die vom Unternehmen veranlaßt diesem zufließen. Umsatzerlöse nennt man also den Umsatz, der aufgrund der normalen, täglichen, üblichen Tätigkeit des Unternehmens generiert wurde und über die Kasse oder das Bankkonto zugeflossen ist.
Unter den Erlösen müssen aber auch alle anderen Geldzuflüsse aufgelistet werden. Das könnten

BUCHHALTUNG – Einstieg für Gründer und Selbständige

beispielsweise Zinserträge auf ein betriebliches Girokonto sein, Erstattungen von betrieblichen Steuern (meist Umsatzsteuer, Gewerbesteuer), Erstattungen von Versicherungen anläßlich eines Schadens, oder auch Gelder aus dem Verkauf veralteter betrieblicher Gegenstände. Als Beispiel für letzteres stellen Sie sich bitte einen alten Schreibtisch vor, der im Büro genutzt wurde und für den Betrieb angeschafft war. Nach vielen Jahren Nutzung wird der jetzt verkauft. Der Verkaufserlös fällt auch unter die betrieblichen Erträge/Erlöse. Eine Entnahme für private Verwendungszwecke ist einem Verkauf grundsätzlich gleichgestellt. Sie verkaufen sich also quasi selbst etwas.

Betriebliche Aufwendungen

Wenn die betrieblichen Erlöse alles betreffen, was der Betrieb an Einnahmen hatte, sollte man meinen, daß das für betriebliche Aufwendungen ähnlich einfach ist. Nun ja, das ist es - theoretisch.
Wenn Sie vom Betriebskonto die Miete für den Laden, die Werkstatthalle, das Betanken des betrieblichen PKW, Büromaterial, oder auch Überziehungszinsen des betrieblichen Kontos bezahlen, dann ist das so. Weniger klar ist es aber meist, wenn vom privaten Konto die Telefonrechnung des betrieblich (mit-) genutzten Handys überwiesen wird. Oder, wenn Sie Ihr Unternehmen von zu Hause aus betreiben. Wie sieht es mit den anteiligen Raumkosten aus? Zu diesen Punkten kommen unter Hinweise zur Belegsammlung - Tipps und Tricks noch einige Hinweise.

STEFAN SCHOLZ

3 RELEVANTE GESETZE

Wir machen jetzt einen kleinen Streifzug durch die folgenden Gesetze:

- Einkommensteuergesetz (EStG)
- Abgabenordnung (AO)
- Umsatzsteuergesetz (UStG)
- Gewerbesteuergesetz (GewStG)
- Handelsgesetzbuch (HGB)

Natürlich müssen sich Gründer und Unternehmer mit massig weiteren Gesetzen und Verordnungen herumschlagen. Uns interessieren ja die eher buchhaltungsrelevanten Solchwelchselbigen. Den Rest kippen wir also heute mal über den Jordan.

STEFAN SCHOLZ

Das Einkommensteuergesetz (EStG)

Gesetze fangen üblicherweise mit dem Paragraphen 1 an. Da steht nämlich meist drin, wann dieses Gesetz überhaupt anwendbar ist. Also beginnen wir auch hiermit unsere Betrachtung:

§ 1 (1) **Natürliche Personen**, die **im Inland** einen **Wohnsitz** oder ihren gewöhnlichen Aufenthalt haben, **sind unbeschränkt einkommensteuerpflichtig.** Zum Inland im Sinne dieses Gesetzes gehört auch der der Bundesrepublik Deutschland zustehende Anteil am Festlandsockel, soweit dort Naturschätze des Meeresgrundes und des Meeresuntergrundes erforscht oder ausgebeutet werden oder dieser der Energieerzeugung unter Nutzung erneuerbarer Energien dient.

Da es auch juristische Personen gibt, gilt das Einkommensteuergesetz also nur für natürliche Personen. Juristische Personen sind beispielsweise Unternehmen, wie eine GmbH, eine AG oder auch ein Verein. Sie sind für sich rechtsfähig, obwohl sie tatsächlich durch einen Menschen vertreten werden müssen.
Wenn es unbeschränkt Einkommensteuerpflichtige gibt,

gibt es wohl auch beschränkt einkommensteuerpflichtige Personen. Das wären dann diejenigen, die im Ausland wohnen und nur in Deutschland etwas verdienen.
Wer in Deutschland seinen Wohnsitz hat, ist hier übrigens mit seinen weltweiten Einnahmen steuerpflichtig..... nur so als Erinnerung für die Leute mit den millionenschweren Zinseinnahmen in der Schweiz.

Einkünfte

Desweiteren sehen wir uns mal an, mit welchen Klassen von Einnahmen, hier Einkünfte genannt, man "veranlagt" wird:

```
§ 2 Umfang der Besteuerung,
Begriffsbestimmungen

(1) Der Einkommensteuer
unterliegen
1.Einkünfte aus Land- und
Forstwirtschaft,
```
2.Einkünfte aus Gewerbebetrieb,
3.Einkünfte aus selbständiger Arbeit,
```
4.Einkünfte aus
nichtselbständiger Arbeit,
5.Einkünfte aus Kapitalvermögen,
6.Einkünfte aus Vermietung und
Verpachtung,
7.sonstige Einkünfte im Sinne
des § 22,
```

STEFAN SCHOLZ

Uns interessieren hier die zwei fett markierten Einkunftsarten. Die aus freiberuflicher Tätigkeit, "selbständiger Arbeit" genannt und aus Gewerbebetrieb.

Nachdem ich davon ausgehe, daß vielleicht einige Gründungswillige diese Zeilen lesen unterscheiden wir hier nochmal Freiberuf und Gewerbebetrieb. Das macht, leider nicht immer so ganz zuverlässig, der §18 im Einkommensteuergesetz:

Gewerbe oder Freiberuf?

§ 18

(1) Einkünfte aus selbständiger Arbeit sind

1.Einkünfte aus freiberuflicher Tätigkeit. Zu der freiberuflichen Tätigkeit gehören die selbständig ausgeübte wissenschaftliche, künstlerische, schriftstellerische, unterrichtende oder erzieherische Tätigkeit, die selbständige Berufstätigkeit der Ärzte, Zahnärzte, Tierärzte, Rechtsanwälte, Notare, Patentanwälte, Vermessungsingenieure, Ingenieure, Architekten, Handelschemiker, Wirtschaftsprüfer, Steuerberater, beratenden Volks- und Betriebswirte, vereidigten Buchprüfer, Steuerbevollmächtigten, Heilpraktiker,

BUCHHALTUNG – Einstieg für Gründer und Selbständige

```
Dentisten, Krankengymnasten,
Journalisten, Bildberichterstatter,
Dolmetscher, Übersetzer, Lotsen und
ähnlicher Berufe....
```

Alle zutreffenden Berufe und Berufsgruppen, die hier genannt sind, sind Freiberufler. Wer hier nicht drin ist: schade, schade, schade. Die sind Gewerbetreibende. Freiberufler haben diverse Privilegien. Einerseits zahlen diese keine Gewebesteuer, andererseits dürfen sie unabhängig von Umsatz und Gewinn immer eine Einnahmen-Überschuß-Rechnung durchführen. Das bringt eine einfachere Verwaltung im Unternehmen mit sich. Gewerbetreibende sind da also gekniffen.
Bei genauerer Betrachtung macht die Unterscheidung zwischen Freiberuf und Gewerbe in der Praxis erhebliche Probleme. Beispielsweise muß ein Baugutachter Ingenieur sein und daher ist seine Gutachtertätigkeit dem Freiberuf zuzuordnen. Ein Kfz-Gutachter muss "nur" den Meisterbrief haben. Da da kein Studium dahinter steht wird der Kfz-Gutachter als Gewerbetreibender angesehen. Das Unsinnige dabei ist, daß sie beide der gleichen Tätigkeit nachgehen. Sie sehen sich etwas an, machen Fotos und schreiben darüber.
Ähnlich seltsam sind die Handhabungen bei Unternehmensberatern und Coaches. Das sind nicht mal geschützte Berufe. Jeder darf sich "Coach" oder "Unternehmensberater" nennen. Trotzdem werden diese im Regelfall vom Finanzamt als Freiberufler anerkannt. Damit wären wir dann bei der Abgabenordnung. In der steht nämlich beispielsweise ab wann Gewerbetreibende eine Bilanz aufstellen müssen.

STEFAN SCHOLZ

Abgabenordnung (AO)

Die Abgabenordnung befaßt sich generell mit der Art und Weise, mit der Steuern, Abgaben und Beiträge erhoben werden. Festsetzungs- und Verjährungsfristen gehören genauso zu den hier geregelten Inhalten, wie welche Rechtsmittel wann eingelegt werden können.
Uns interessiert hier nur die "Buchführungspflicht".

§ 141 Buchführungspflicht bestimmter Steuerpflichtiger

(1) **Gewerbliche Unternehmer** sowie Land- und Forstwirte, die nach den Feststellungen der Finanzbehörde für den einzelnen Betrieb

1.**Umsätze** einschließlich der steuerfreien Umsätze, ausgenommen die Umsätze nach § 4 Nr. 8 bis 10 des Umsatzsteuergesetzes, von mehr als **500.000 Euro im Kalenderjahr** oder

2.(weggefallen)

3.selbstbewirtschaftete land- und forstwirtschaft-liche Flächen mit einem Wirtschaftswert (§ 46 des Bewertungsgesetzes) von mehr als 25.000 Euro oder

4.einen **Gewinn** aus Gewerbebetrieb von **mehr als 50.000 Euro** im Wirtschaftsjahr oder

...

Wer die hier genannten Grenzen überschreitet, wird dann nach der Einkommensteuerveranlagung aufgefordert ab dem nächsten beginnenden Geschäftsjahr zu bilanzieren. Bilanzieren ist erst mal nicht so sehr erstrebenswert. Natürlich ist der Einblick, den eine Bilanz vermitteln kann betriebswirtschaftlich sinnvoller, als das eine Einnahmen-Überschuß-Rechnung sein kann. Aber: es ist auch deutlich mehr Verwaltungsaufwand.

Die Einnahmen-Überschuß-Rechnung zeichnet stur nach Zahlungszeitpunkt Ein- und Aus**zahlungen** auf. Bei der Bilanz muss nach Leistungszeitraum erfasst werden. Ein Umsatz wird demnach in dem Monat erfaßt, in dem die Leistung gegenüber dem Kunden erbracht wurde. Aufwand (landläufig "Kosten") wird auch in dem Monat erfaßt, in dem die Leistung bezogen wurde. Die zweite Erfassung geschieht dann mit der Zahlung des jeweiligen Vorgangs. Kunden- und Lieferantenrechnungen müssen also zwei Mal erfaßt werden. Dazu kommen dann noch ein paar weitere "Schmackazien"....
Mein Fokus hier sind die Einnahme-Überschuß-Rechner. Gebucht wird also, wenn die Kohle fließt. Nix Kohle, keine Buchung. Klar?

Zur "Buchführungspflicht" möchte ich noch ein paar Sachen ergänzen. Zum Einen bedeutet unter den oben genannten Grenzen zu sein nicht automatisch keine Buchhaltung machen zu müssen. Ganz im Gegenteil! Seit einigen Jahren schon dürfen Steuerprüfer sämtliche Buchhaltungsdaten als Datei verlangen. Wer also seine Buchhaltung nur durch Belegablage vornimmt, kann im Falle einer Steuerprüfung geschätzt werden, weil die elektronische Lieferung der Daten nicht möglich ist. Nicht jeder Prüfer ist so kulant, notfalls die Buchhaltung nacherfassen zu lassen, wie das bei einem meiner Kunden der Fall war!
Zum Anderen bedeutet unter die Buchführungspflicht

nach der AO zu fallen die Notwendigkeit einer Anmeldung beim Handelsregister, was zu einigen zusätzlichen Kosten und Pflichten führt.

Bislang ist das Ganze ja noch einigermaßen überschaubar. Jetzt kommen wir aber zur Umsatzsteuer. Dann könnte sich das ändern.

Umsatzsteuergesetz (UStG)

Wie andere Gesetze auch beginnt das UStG mit dem Paragraphen 1. Das liegt daran, daß am Anfang wieder erst mal die Anwendbarkeit des Gesetzes geprüft wird:

§ 1 Steuerbare Umsätze

(1) Der Umsatzsteuer unterliegen die folgenden Umsätze:

1. die **Lieferungen und sonstigen Leistungen,** die ein **Unternehmer** im **Inland** gegen **Entgelt** im Rahmen seines **Unternehmens** ausführt. Die Steuerbarkeit entfällt nicht, wenn der Umsatz auf Grund gesetzlicher oder behördlicher Anordnung ausgeführt wird oder nach gesetzlicher Vorschrift als ausgeführt gilt;

BUCHHALTUNG – Einstieg für Gründer und Selbständige

Da sind fünf Bedingungen enthalten, die die Anwendbarkeit des Gesetzes (im Grundsatz) regeln:

1. was keine Lieferung oder sonstige Leistung ist bleibt außen vor
2. man muß Unternehmer sein!
3. das Ganze muß im Inland passieren
4. gibt es keinen Kaufpreis, keine Gegenleistung, kann das UStG nicht angewendet werden
5. wenn der Unternehmer privat etwas verkauft oder leistet, ist das UStG nicht berührt (theoretisch)

Warum ist Nummer fünf "theoretisch" werden Sie sich jetzt fragen. Nun ja, Privatentnahmen fallen eben doch hier rein. Würde der Unternehmer aber seine private, gebrauchte Schlafzimmergarnitur verkaufen ist das etwas Privates, das dann eben nicht in der Buchhaltung erfasst werden muß. Und auch nicht zu einer Umsatzsteuer führt. Unter den Spezialfällen befindet sich aber auch der Kauf eines neuen PKW direkt aus dem EU-Ausland. Dann wird eine Privatperson plötzlich für diesen einen Kauf wie ein Unternehmer behandelt, muss Umsatzsteuer bezahlen und eine Umsatzsteuererklärung abgeben! Fragen Sie mich jetzt bitte nicht nach dem Sinn!

Gut. Klären wir die Punkte 1 bis 5 jetzt mal der Reihe nach etwas auf:

zu 1.) Die Unterscheidung nach Lieferungen und sonstigen Leistungen spielt nur dann eine Rolle, wenn Sie mit dem Ausland in Geschäftskontakt stehen. Dabei ist es einerlei, ob mit dem EU-Ausland, oder mit nicht-EU-Ländern. Hier möchte ich mich auf die grundsätzliche Behandlung der Umsatzsteuer konzentrieren und lasse den Auslandskrams weg. Wenn Sie also Geschäftsbeziehungen mit dem Ausland haben, setzen Sie sich bitte unbedingt mit Ihrem Steuerberater in Verbindung.

zu 2.) "Unternehmer ist, wer eine gewerbliche oder berufliche Tätigkeit selbständig ausübt" heißt es im Umsatzsteuergesetz. Das wäre soweit klar, aber eventuell hat jemand mehrere Unternehmen? Dann ist wichtig zu wissen, daß alle unternehmerischen Tätigkeiten einer Person zu einer einzigen Umsatzsteuererklärung (pro Jahr) zusammengefaßt wird. Gewinnermittlungen müssen für die Einkommensteuer für jedes Unternehmen extra erstellt werden.

zu 3.) Wenn Sie als Unternehmer mit Sitz in Deutschland Umsätze generieren, dann fällt das unter das deutsche Umsatzsteuerrecht. Wenn Sie in Dänemark, Russland, oder den USA Umsätze generieren, interessiert das den deutschen Fiskus zumindest nicht bei der Umsatzsteuer. Wohl aber bei der Einkommensteuer.

zu 4.) "Gegen Entgelt" steht da im Gesetz. Existiert also kein Entgelt, entsteht auch keine Umsatzsteuer. Das erscheint klar. Entgelt ist aber generell alles, was zur Erlangung der Leistung aufgewendet wird. Klassiker wäre hier ein Leistungsaustausch zwischen zwei Geschäftspartnern. Der Eine macht die Buchhaltung, der Andere schneidet dem Einen die Haare. Das Entgelt besteht also in der gegenseitigen Dienstleistung. Auch, wenn beide kein Geld untereinander austauschen. Es muß jeweils eine Rechnung ausgestellt werden und jeder muß die Umsatzsteuer für seine Leistung ans Finanzamt abführen. Der Friseur ist dann im Vorteil, da er eine Leistung für sein Unternehmen bezogen hat und kann die Umsatzsteuer aus der Rechnung des Buchhalters als "Vorsteuer" abziehen. Da der Buchhalter einen Haarschnitt nicht für sein Unternehmen verwenden kann, kann er die Vorsteuer nicht vom Finanzamt wieder "holen" und auch die Kosten für den Haarschnitt nicht "absetzen". Hierauf gehe ich später noch etwas genauer ein.

zu 5.) Wenn ich den Sachverhalt von gerade eben (zu 4.) wieder aufgreife ist genau die Verwendung für das Unternehmen der Anlaß für die unterschiedliche Behandlung. Beide leisten im Rahmen ihres Unternehmens. Also müssen beide die Umsatzsteuer abführen. Bei der Vorsteuer haben wir dann Unterschiede.

Was ist Vorsteuer?

Vorsteuer nennt man die Umsatzsteuer, die mir ein anderer Unternehmer in Rechnung gestellt hat. Auf Sie übertragen würde das also bedeuten, daß Sie sich die Umsatzsteuer wieder vom Finanzamt holen können, die jemand Anderes für die Leistung an Sie dorthin überwiesen hat. Beim Finanzamt ist das somit ein Nullsummenspiel. A zahlt, B zieht wieder ab. Die über 200 Milliarden Umsatzsteueraufkommen im Bundeshaushalt kommt also von Bürgern, Organisationen und Unternehmen, die eben keine Möglichkeit haben, sich die Vorsteuer wieder vom Finanzamt zu holen.
Hierbei sollte ich vielleicht erst mal ein paar Worte zu unserem Mehrwertsteuersystem verlieren. In einer Wertschöpfungs- oder Liefererkette bleibt jeder auf der Umsatzsteuer sitzen, die die Differenz zwischen Einkaufs- und Verkaufspreis darstellt (dem "Mehrwert"). Derjenige in der Kette, der keine Mehrwertsteuer mehr als Vorsteuer anrechnen kann ist meist der Privatkunde am Ende. Da es auch Unternehmen treffen kann, die keine Vorsteuer abziehen dürfen, weil sie selbst steuerfreie Umsätze erzielen, sind Privatleute nicht die Einzigen.

Doch zurück zu Ihnen. Nehmen wir doch mal an, daß Sie Geschäfte ausführen, die der Umsatzsteuer unterliegen.

Desweiteren nehmen wir an, daß Sie bei einem Computerladen einen Drucker für einen Barpreis von 119 € kaufen. Natürlich für Ihr Unternehmen. Die darin enthaltenen 19 € Umsatzsteuer können Sie dann als Vorsteuer wieder vom Finanzamt fordern. Würden Sie also in einem "Voranmeldungszeitraum" keine Umsätze generieren und hätten keine weiteren Sachen gekauft, so würden Sie auch wirklich eine Erstattung in Höhe von 19 € vom Finanzamt erhalten.

Brutto und Netto

Bei den Begriffen Brutto und Netto möchte ich für die Einsteiger unter Ihnen noch etwas für Klarheit sorgen. Das Umsatzsteuergesetz definiert das "Entgelt" als Betrag, zu dem die Umsatzsteuer hinzugerechnet werden muß. Das gilt - wie zuvor beschrieben - auch für einen Leistungsaustausch. Netto ist also das "Entgelt", also ohne MwSt und Brutto dann inklusive der MwSt. Brutto ist dementsprechend immer der höhere Betrag von den beiden.

Umsatzsteuervoranmeldungen

Je nach der Summe, die Sie im Vorjahr (wenn es denn eines gab) an Umsatzsteuer ans Finanzamt überweisen mußten, wird festgelegt, in welchen Rhythmen die Voranmeldungen abzugeben sind. Dies kann jährlich, vierteljährlich oder monatlich sein. Direkt nach der Gründung und bei Jahressummen über 7.500 € sind die Meldungen monatlich abzugeben. Bei Jahreszahlungen zwischen 1.000 € und 7.500 € sind die Anmeldungen vierteljährlich abzugeben und unter 1.000 € jährlich. Das Finanzamt weist jeweils schriftlich auf die Abgabezeiträume hin.

Nehmen wir mal an, Sie müssen monatlich die
Umsatzsteuervoranmeldung abgeben. Dann wäre die
Anmeldung für den März am 9. April abzugeben. Wenn
man sich jetzt vorstellt, daß da noch ein Steuerberater die
Buchhaltung machen sollte, wäre das einfach zu knapp.
Deshalb gibt es die Möglichkeit einen Monat später
abzugeben. Das nennt sich dann "Dauerfristverlängerung".
Diese muß zu festen Zeitpunkten für das ganze Jahr
beantragt werden. Diese Details möchte ich Ihnen an
dieser Stelle ersparen. Irgend etwas muß ich Ihrem
Steuerberater ja noch übrig lassen.
Abschließend hierzu möchte ich darauf hinweisen, daß
sämtliche Steuererklärungen und -voranmeldungen heute
elektronisch erfolgen müssen. Dies kann online oder
offline erfolgen.

Umsatzsteuerbefreiung

Manche Betätigungen von Unternehmern fallen unter die
Regelungen des § 4 Umsatzsteuergesetz. Dort ist geregelt,
welche Tätigkeiten von der Umsatzsteuer befreit sind.
Eine minutiöse Auflistung erspare ich uns an dieser Stelle,
da der Gesetzestext des § 4 mehrere Seiten lang ist. Es
werden 28 Sachverhalte aufgelistet. Als Beispiele fallen
darunter ärztliche Leistungen (auch Heilpraktiker, aber
keine Tierärzte und Tier-Heilpraktiker), Lieferungen von
Gold, Versicherungsleistungen und deren Vermittlung und
und und.
Bitte folgen Sie dem Link (http://www.gesetze-im-internet.de/ustg_1980/__4html) zum Gesetzestext, um
sich einen Überblick zu verschaffen. Vielleicht ist Ihre
Tätigkeit auch dort aufgelistet?

Daß die Steuerfreiheit bei der Umsatzsteuer bedeutet, daß
Sie für Umsätze keine Umsatzsteuer in Rechnung stellen
und ans Finanzamt abführen dürfen ist wohl soweit klar.

Damit einher geht aber in der Regel der Ausschluß des Abzuges von Vorsteuer.
Wie immer gibt es Ausnahmen. Deswegen eben "in der Regel". Wer mit dem Ausland in Geschäftsbeziehungen steht und exportiert darf meist eben doch Vorsteuer geltend machen. Bitte klären Sie Ihre Sachverhalte mit einem Steuerberater.

Wenn wir nun annehmen, daß Sie Arzt oder Heilpraktiker sind, dann führen Sie nach § 4 Nr. 14 Umsatzsteuergesetz steuerfreie Umsätze aus. Einmal abgesehen davon, daß Sie dann eher "Honorarnote", oder "Liquidation" über Ihre Rechnung schreiben und eben nicht "Rechnung", sollte der Zusatz "Umsatzsteuerfrei gemäß § 4 Nr. 14 UStG" zu lesen sein.

BUCHHALTUNG – Einstieg für Gründer und Selbständige

Kleinunternehmerregelung

Der Begriff "Kleinunternehmer" wird oft auch in einem anderen Zusammenhang gebraucht. Der "Kleinunternehmer" stammt allerdings aus dem Umsatzsteuergesetz (§ 19 UStG). Zwar ist üblicherweise in Unternehmen, das bei der Umsatzsteuer die Kleinunternehmerregelung in Anspruch nimmt recht "klein", aber diese Regelung bedeutet lediglich, daß nicht viel Umsatzsteuer ans Finanzamt zu bezahlen wäre, hätte man diese Regelung nicht.
Was ist das nun? Wer im Jahr nicht mit mehr als 17.500 € Umsatz (inklusive Umsatzsteuer !!!) rechnet und im Jahr darauf nicht mit mehr als 50.000 €, der kann die Kleinunternehmerregelung **beantragen**.
Die Grenze von 17.500 € ist also als Brutto-Grenze zu verstehen. Sie wird überschritten, wenn man mehr als 14.705,88 € Umsatz realisieren wird. Zählt man dazu die 19% MwSt, kommt man auf 17.500 € brutto raus.
Nimmt man die Kleinunternehmerregelung in Anspruch

wird diese Umsatzsteuer lediglich nicht erhoben, sie muß also nicht ans Finanzamt abgeführt werden. Zudem kann auch keine Vorsteuer abgezogen werden. Das haben wir gerade bei der Steuerfreiheit schon gesehen. Diese Regelung macht übrigens für diejenigen, die ausschließlich steuerfreie Umsätze tätigen gar keinen Sinn.

Die Frage ist also, welche **Vorteile** man durch diese Regelung hat:

- keine Umsatzsteuerzahlung
- die Buchhaltung muß nur für die Jahreserklärungen gemacht werden
- weniger Verwaltungsaufwand, daher billiger

Nachteile gibt es aber auch:

- kein Vorsteuerabzug
- geringes Ansehen bei Geschäftskunden; diese nehmen "Kleinunternehmer" oft nicht für Voll

Die Kleinunternehmerregelung macht für Unternehmen Sinn, die fast nur Privatkunden haben. Dann ergibt sich für den Kunden ein Preisvorteil, oder für Sie ein höherer Ertrag. Bei einem Stundensatz von 30 € muß der Kunde halt nur diese 30 € bezahlen und keine 35,70 € inklusive MwSt. Wenn wir davon ausgehen, daß in Ihrer Branche die etwa 35 € üblich sind, könnten Sie als Kleinunternehmer ohne Schmerzen 33 € oder 34 € nehmen und, da die MwSt nicht ans Finanzamt fließt, bleibt dieses Geld auch in Ihrem Geldbeutel. Sie sind aber trotzdem günstiger als die Konkurrenz.

Eine ganz andere Betrachtung ergibt sich, wenn Sie zur Gründung Ihres Unternehmens große Investitionen zu tätigen haben. Nehmen wir mal an, Sie müßten erst mal

BUCHHALTUNG – Einstieg für Gründer und Selbständige

20.000 € investieren. In diesen 20.000 € sind alleine 3.193,28 € Vorsteuer enthalten. Da diese etwa 3.200 € vom Finanzamt zurück erstattet werden, das aber eine Menge Geld ist, kann es Sinn machen auf die Kleinunternehmerregelung zu verzichten, um an dieses Geld zu kommen. Mit Kleinunternehmer gibt es ja keine Vorsteuererstattung.

Wir sehen also, daß das eine wichtige Entscheidung ist. Wenn Sie also nach oder bei der Gründung den Fragebogen vom Finanzamt ausfüllen, sollte diese Frage bereits geklärt sein!

Wenn Sie nun die Kleinunternehmerregelung in Anspruch nehmen, ist dann bei der Rechnungstellung zu beachten, daß der Vermerk "Diese Rechnung ist gemäß § 19 (1) UStG ohne Ausweis der MwSt ausgestellt (Kleinunternehmerregelung)." auf dem Beleg steht.

Gewerbesteuergesetz (GewStG)

Wie bereits zum Einkommensteuergesetz erwähnt, spielt es eine Rolle, ob Ihr Betrieb gewerblicher oder freiberuflicher Natur ist. Die Gewerbesteuer gilt nur für Gewerbebetriebe. Neben den gewerblich tätigen Einzelunternehmen sind auch Kapitalgesellschaften Gewerbebetriebe. Die Kapitalgesellschaften sind dies Kraft Gesetz. Ein Steuerberater als Einzelunternehmer ist Freiberufler; eine Steuerberatungs GmbH ist Gewerbebetrieb.

Sehen wir uns mal kurz die Struktur des Gesetzes an:

```
§1 Steuerberechtigte
... die Gemeinden
```

Die Gewerbesteuer war schon immer eine Gemeindesteuer. Das Finanzamt stellt die Besteuerungsgrundlagen fest und meldet den sogenannten "Gewerbesteuermeßbetrag" an die Gemeinde. Diese darf dann noch ihren "Hebesatz" anwenden, einen Multiplikator, und erstellt daraus den Gewerbesteuerbescheid.
Multiplizieren wird den Gemeinden zugetraut. Deshalb multipliziert beispielsweise die Stadt Kiel den Meßbetrag des Finanzamts mit ihrem Hebesatz von zur Zeit 430% = Faktor 4,3. Ein Meßbetrag von 200 ergäbe also durch die Rechnung 200 x 4,3 die Gewerbesteuer von 860 €.

```
§2 Steuergegenstand
... Gewerbebetriebe
... Kapitalgesellschaften /
Körperschaften
```

Wie schon oben erwähnt sind Einzelunternehmer-Gewerbebetriebe und Kapitalgesellschaften gewerbesteuerpflichtig.

```
§3 Befreiungen
```

Es gibt Gewerbebetriebe der öffentlichen Hand, welche von der Gewerbesteuer befreit sind. Ich kann davon ausgehen, daß für den überwältigenden Anteil meiner Leser diese Befreiungen nicht zutreffen.

```
§4 Hebeberechtigte Gemeinden
```

Hier wird festgelegt, nach welchen Kriterien die hebeberechtigte Gemeinde festgelegt wird. Es handelt sich im Regelfall um die Gemeinde des Betriebssitzes. Achtung: Wird der Sitz während eines Geschäftsjahres aus dem Gebiet einer Gemeinde in eine andere verlegt, ist die Gewerbesteuer aufzuteilen!

```
§5 Steuerschuldner

§6 Besteuerungsgrundlage
... ist der „Gewerbeertrag"
```

Der Gewerbeertrag deckt sich weitgehend mit dem nach dem Einkommensteuergesetz (oder bei Kapitalgesellschaften ergänzend dem Körperschaftsteuergesetz) ermittelten Gewinn.

```
§7 Gewerbeertrag
... ist der Gewinn (nach EStG oder KStG)
plus Hinzurechnungen minus Kürzungen
```

Bei Hinzurechnungen und Kürzungen geht es vom Prinzip her darum, gewinnverändernde Effekte herauszurechnen, die die Ertragskraft beeinflussen. Es soll die Ertragskraft Ihres Unternehmens ermittelt werden, nicht das der Bank, deren Zinsen Ihren Gewinn reduziert hat, oder der Leasinggesellschaft, die Ihnen Ihren Kopierer vermietet. Ebenso werden Gewinnanteile von stillen Gesellschaftern, oder auch Ihre Gewinnanteile an Beteiligungen neutralisiert.

Sind diese Geschichten heraus gerechnet, dann wird der korrigierte Gewerbeertrag auf volle 100 € abgerundet und der Freibetrag abgezogen. Der Freibetrag ist für Kapitalgesellschaften 5.000 € und für Personengesellschaften und Einzelunternehmer 24.500 €. Der verbleibende Betrag wird mit dem Faktor von 3,5% belegt. Was da rauskommt ist dann der Gewerbesteuermeßbetrag.

Berechnungsbeispiel:

Gewinn laut Einkommensteuergesetz: 30.000 €
Hinzurechnungen und Kürzungen erfolgen nicht (, was relativ oft der Fall ist). Der Gewerbeertrag deckt sich also mit dem Gewinn. Also auch 30.000 €.
Jetzt würde abgerundet auf volle 100 €, womit wir bei 30.000 € bleiben. Da ist so ein glattes Zahlenbeispiel ungünstig.
Nun kommt der Freibetrag von 24.500 € in Abzug, womit 5.500 € Gewerbeertrag übrig bleiben. Jetzt nehmen wir davon noch die 3,5%, welche dann 192,50 als Gewerbesteuer**meß**betrag erhalten.
Die Gemeinde hätte 430% Hebesatz, was bedeutet, daß

der Gewerbesteuerbescheid auf 827,75 € lautet.

```
Gewerbeertrag.......30.000 €
+ Hinzurechnungen........0 €
- Kürzungen..............0 €
- Freibetrag........24.500 €
---------------------------
=..................5.500 €

......davon 3,5 % = 192,50
Mal Hebesatz 430 % = 827,75 €
```

Seit 2010 wird für Einzelunternehmen und Personengesellschaften die Gewerbesteuer teilweise auf die Einkommensteuer angerechnet. Dies erfolgt bis zu einem Hebesatz von 380% vollständig. Das bedeutet, daß die Unternehmer, die in einer Gemeinde ihren Betriebssitz haben, die maximal 380% als Hebesatz haben keinerlei Nachteil gegenüber Freiberuflern haben. Nehmen wir in so einem Fall mal an, Sie hätten 20.000 € Einkommensteuer und 2.000 € Gewerbesteuer zu Zahlen. Die Einkommensteuer würde sich um 2.000 € reduzieren, die Gewerbesteuer käme hinzu und es bleibt bei einer Steuerbelastung von 20.000 €.

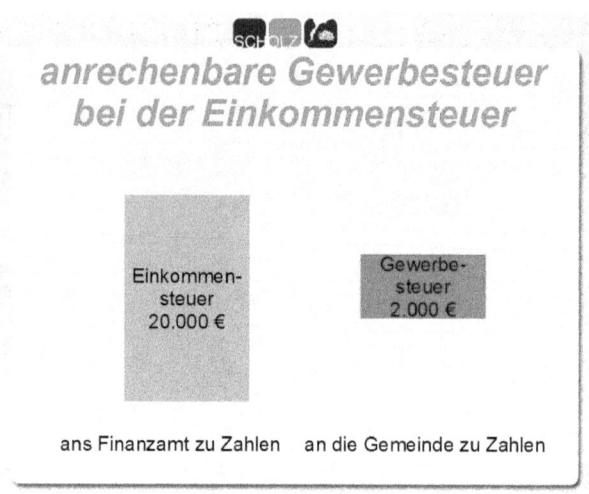

In "günstigen" Gemeinden ist das nett. Da es aber auch genügend Gemeinden gibt, die einen Hebesatz von über 380% haben, ergibt sich eben in diesen Gemeinden trotzdem eine Mehrbelastung für Gewerbetreibende. Dies verschärft die Konkurrenz zwischen den Gemeinden.

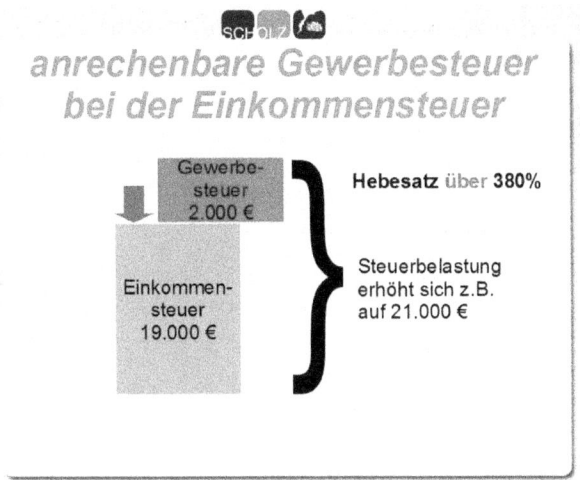

STEFAN SCHOLZ

Das Handelsgesetzbuch (HGB)

Mit dem HGB wollen wir uns hier nur oberflächlich befassen und uns vor Allem wenig mit einzelnen Paragraphen auseinander setzen. In den Kategorien, die uns interessieren ist das Handelsgesetzbuch folgendermaßen aufgebaut:

- **Kaufmannseigenschaft**
- **Handelsregister**
- Firma
- Prokura und Handelsvollmacht
- Handlungsgehilfen und Handlungslehrlinge
- Handelsvertreter
- Handelsmakler
- **Die Gesellschaftsformen**
- Buchführungspflicht, Grundsätze ordnungsgemäßer Buchführung
- Gliederung von Bilanz und Gewinn- und Verlustrechnung
- weitere Vorschriften zum Jahresabschluss, zur GmbH und AG

Das Handelsgesetzbuch ist über 100 Jahre alt. Daher wurden die Vorschriften für Kaufleute gesammelt, die sich über Jahrhunderte als tragfähig und allgemein akzeptiert wurden. Diese wurden also lediglich in ein gemeinsames Gesetz aufgenommen. Deshalb hängt im HGB alles am Begriff "**Kaufmann**".

Es gibt **Istkaufleute**, weil sie ein Handelsgewerbe betreiben, das einen solchen Umfang hat, daß eine kaufmännische Verwaltung nötig ist. Dazu zählen auch andere **Gewerbebetriebe**, die aufgrund ihres Umfangs kaufmännisch verwaltet werden müssen. Freiberufler können keine Kaufleute sein, selbst wenn der Betrieb so

groß ist, daß eine kaufmännische Verwaltung nötig ist - sofern dieser Freiberufler Einzelunternehmer bleibt und keine Kapitalgesellschaft bildet.
Ein **Mußkaufmann** ist Kaufmann, weil die Gesellschaftsform ihn/sie dazu zwingt. Das sind die Kapitalgesellschaften.
Die **Kannkaufleute** betreiben eine Landwirtschaft, die aufgrund ihres Umfangs zu einer kaufmännischen Verwaltung zwingt.

Wer nach dem HGB Kaufmann ist, muß ins **Handelsregister** eingetragen sein. Dieses wird in der Regel beim regionalen Amtsgericht geführt (Ausnahmen in den Stadtstaaten möglich) und hat zwei Abteilungen. Die Abteilung A ist für Einzelunternehmen und Personengesellschaften da. Die Abteilung B für die Kapitalgesellschaften.

Die **Firma** ist der Name der Unternehmung. Der umgangssprachliche Ausdruck "ich gehe in die Firma" ist also eigentlich Unsinn, da man schlecht in den Namen gehen kann. Es gibt verschiedene Möglichkeiten sein Unternehmen zu benennen:

- die Personenfirma: Max Mustermann e.K.[1]
- die Sachfirma: Maschinenbau GmbH[2]
- die Mischfirma: Maschinenbau Mustermann KG
- die Phantasiefirma: NixMurks AG[3]

Das "e.K." bei (1) bedeutet "eingetragener Kaufmann" oder "eingetragene Kauffrau" und bezieht sich auf ein Einzelunternehmen.
Eine reine Sachfirma (2) oder Phantasiefirma (3) ist normalerweise nur bei Kapitalgesellschaften möglich. Ausnahmen ergeben sich, wenn eine Kapitalgesellschaft in ein Einzelunternehmen oder eine Personengesellschaft

umgewandelt wurde. Normalerweise muß die Firma für Einzelunternehmer, oder Personengesellschaften mindestens einen Namen eines Gesellschafters enthalten.

Die Abschnitte "Prokura" bis "Handelsmakler" möchte ich hier nicht behandeln, da sie für unser Thema keine Relevanz haben.

Wichtig sind nun wiederum die **Gesellschaftsformen**. Wie beim Handelsregister erwähnt, gibt es die beiden Abteilungen "A" und "B" für die Einzelunternehmen und Personengesellschaften, sowie die Kapitalgesellschaften. Bei den Gesellschaftsformen nehme ich der wichtigsten Fragen bezüglich der Gründung und des Betriebs an. Dies sind die Besonderheiten bei der Gründung, Haftung, Mindestkapital, Organe und Besonderheiten.

Zunächst möchte ich die Gesellschaftsformen kurz vorstellen:

Personengesellschaften:

Eingetragener Kaufmann / eingetragene Kauffrau:

Einzelunternehmer, die ein so großes Unternehmen betreiben, daß es ins Handelsregister eingetragen werden muß (siehe Abgabenordnung) müssen den "eingetragenen Kaufmann", das "e.K." in der Firma führen. Sofern eine Eintragung nicht notwendig oder gewollt ist, ist der Gründungsaufwand, sowie der laufende Verwaltungsaufwand der niedrigste von allen Gesellschaftsformen. Die Gründung ist mit einer Gewerbeanmeldung, beziehungsweise für Freiberufler der Meldung ans Finanzamt, erledigt. Je nach Gemeinde kostet die Gewerbeanmeldung etwa 25 bis 30 Euro. Eingetragene Kaufleute haben zusätzlich die Eintragungsgebühren beim Registergericht zu tragen und sind meist bilanzierungspflichtig. Wenn Sie sich freiwillig eintragen lassen, sind die Grenzen in der Abgabenordnung uninteressant. Dann wird es mit der Verwaltung eben aufwändiger. Übrigens bekommen auch Gewerbetreibende etwa vier bis sechs Wochen nach Anmeldung des Gewerbes den gleichen Fragebogen zugeschickt, den Freiberufler von selbst abgeben müssen. Hier ein dringender Hinweis: bitte holen Sie sich zum Ausfüllen dieses Fragebogens steuerliche Hilfestellung. In diesem Fragebogen kann man zu viel falsch ankreuzen!

Gesellschaft bürgerlichen Rechts (GbR):

Für die Gründung einer GbR sind mehrere Personen notwendig. Eine GbR ist so alltäglich, daß sich niemand darüber Gedanken macht. Das Ehepaar, das gemeinsam eine Urlaubsreise bucht, hat eine GbR zum Zweck der Urlaubsreise gegründet. Das soll klar machen, daß prinzipiell keine Formalitäten zur Gründung einer GbR notwendig sind. Das ändert sich allerdings, wenn es um eine berufliche Betätigung geht. In diesem Fall sind beispielsweise zwei Gewerbeanmeldungen durchzuführen, beziehungsweise bei Freiberuflern dem Finanzamt zu melden. Früher konnte eine GbR gar nicht ins Handelsregister eingetragen werden. Auch das ist zwischenzeitlich möglich. Grundsätzlich können Sie aber davon ausgehen, daß eine GbR als Geschäftspartner nicht im Handelsregister eingetragen ist. Der Gründungsaufwand einer GbR als Gewerbebetrieb, oder Partnerschaft von Freiberuflern, ist also nur geringfügig höher als bei einem Einzelunternehmen. Auch hier sind die Grenzen der Buchführungspflicht zu Beachten. Wurde deren Überschreitung früher einer Pflicht zur Umwandlung in eine oHG gleich, so kann heute die "GbR" beibehalten werden. Die Firma muß also nicht zwingend geändert werden, obwohl dies Sinn machen würde. Eine oHG hat mehr Renommee, als eine GbR.

Zur Haftung für GbR und oHG ist anzumerken, daß diese unbeschränkt und gesamtschuldnerisch ist. Unbeschränkt ist ja soweit klar. Gesamtschuldnerisch bleibt zu erklären: ein Gläubiger der GbR kann es sich aussuchen, von welchem der Gesellschafter er sein Geld bekommen will. Üblicherweise wird er sich an die Gesellschaft als Ganzes wenden. Wenn aber da beispielsweise nichts mehr zu holen wäre, kann er sich an die Gesellschafter einzeln wenden. Nehmen wir mal an, wir hätten drei Gesellschafter und zwei sind fast pleite, der dritte aber ist vermögend. Dann kann der Gläubiger auch direkt auf den dritten Gesellschafter zugehen und die Begleichung seiner Forderung von diesem verlangen, obwohl die Forderung auf die GbR lautet. Jeder Gesellschafter einer GbR oder oHG kann für sämtliche Schulden der Gesellschaft herangezogen werden.

Offene Handelsgesellschaft (oHG):

Die oHG ist im Gegensatz zur GbR zwingend im Handelsregister eingetragen. Zu den Kosten für die Gewerbeanmeldungen kommen also auch immer die Kosten der Eintragung hinzu. Auch muß eine oHG immer bilanzieren. Die Buchhaltung ist somit aufwändiger.

Kommanditgesellschaft (KG):

Kommanditgesellschaften sind schon der erste Schritt auf dem Weg zur Kapitalgesellschaft - jedenfalls von der Haftung her gesehen (siehe unten). In der Kommanditgesellschaft gibt es Vollhafter und Teilhafter. Die Vollhafter sind den Gesellschaftern einer oHG vergleichbar. Speziell was die Modalitäten der Anmeldung angeht. Eine Kommanditgesellschaft kann zudem schon nicht mehr freiberuflichen Charakter haben. Das ist ein Gewerbebetrieb. Den oder die Vollhafter einer KG nennt man "Komplementäre", die Teilhafter, die lediglich Geld in das Unternehmen gesteckt haben und einen Gewinnanteil dafür kassieren, sind die "Kommanditisten". Die KG bietet also die Möglichkeit über das persönliche Vermögen der Komplementäre hinaus Gelder einzusammeln, ohne daß die Teilhafter / Kommanditisten Geschäftsführungsbefugnisse haben. Lediglich über die jährliche Gesellschafterversammlung können sie ihre Meinung kund tun. Bezüglich der Gesellschafterversammlung sind wir jetzt erstmalig bei einem "Organ" einer Gesellschaft. Ein Organ ist also etwas gesetzlich Vorgeschriebenes, etwas Notwendiges zum Erhalt oder dem Betrieb einer solchen Gesellschaftsform.

Eine Sonderfrom der KG ist die GmbH & Co. KG. Hier wurde der Vollhafter durch das haftungsbeschränkte Konstrukt einer GmbH ersetzt. Trotzdem zählt die GmbH & Co. KG zu den Personengesellschaften. Die GmbH & Co. KG bietet mehrere Vorteile. Eine GmbH bietet nur beschränkte Haftung, hat also auch nur beschränkten Zugang zu Kapital. Über die Kommanditisten kann zusätzliches Kapital hereingenommen werden, ohne das haftende Kapital zu weit zu erhöhen. Es wäre also leicht möglich, daß Sie eine GmbH gründen, deren Geschäftsführer Sie sind und gleichzeitig als Kommanditist in Ihrer GmbH & Co. KG auftreten, um dem Unternehmen das nötige Kapital zuzuführen. Desweiteren ist vorteilhaft, daß der Gewinn zwischen der KG und der GmbH und deren jeweiligen Gesellschaftern verschoben werden kann. Den entsprechenden Geschäftsumfang vorausgesetzt kann so die Steuerbelastung der Gesellschafter etwas verringert werden.

Für alle Personengesellschaften gilt, daß diese per Erklärung ihrer Gesellschafter als gegründet gelten. Die Eintragung ins Handelsregister dient quasi der Bekanntmachung. Bei den Kapitalgesellschaften ist dies anders. Diese haben bei Aufnahme vor Eintragung ins Handelsregister den Zusatz "i.G.", "in Gründung" zu verwenden, da sie erst mit Eintragung und Veröffentlichung im Amtsblatt wirklich gegründet sind. Davor handelt es sich rechtlich um Einzelunternehmen oder Personengesellschaften, vor Allem, ohne Haftungsbeschränkung! Man spricht hier auch von der konstituierenden Eintragung. Die Kapitalgesellschaft existiert erst ab der Eintragung **und** Bekanntmachung.

Kapitalgesellschaften:

Gesellschaft mit beschränkter Haftung (GmbH):

Der allseits bekannteste Vertreter der Kapitalgesellschaften dürfte die GmbH sein. Bevor wir uns mit den Einzelheiten rund um die GmbH beschäftigen möchte ich mal diese Haftung näher beleuchten. Was ist mit "**Haftung**" gemeint?

Nun laut unserem BGB, dem Bürgerlichen Gesetzbuch, haften wir alle unbegrenzt (der Höhe nach) und zeitlich (fast) unbefristet mit unserem gesamten Vermögen für allen "Mist", den wir so machen. Das kann im Privaten bedeuten, daß wir die teure Vase eines Bekannten anläßlich eines Besuches zerlegen, oder eben auch die Übernahme der Folgekosten unseres unternehmerischen Handelns. Haftung bedeutet, die Behandlungskosten unseres Kunden zu bezahlen, der sich in unseren betrieblichen Räumen wegen seiner eigenen Schusseligkeit das Bein gebrochen hat. Warum mußte er auch auf dem frisch geputzten Boden ausrutschen?

Haftung bedeutet auch, daß unser Produkt, welches einen leichtsinnigen Kunden durch seine Scharfkantigkeit verletzt hat, der Produkthaftung unterliegt und wir eventuell Schmerzensgeld bezahlen müssen. Je nach Geschäftsmodell unterliegt unser Tun gewissen Haftungsrisiken. Bei der Gründung müssen wir uns also genau überlegen, welche Risiken wir tatsächlich haben und welche wir davon mittels einer Haftpflichtversicherung abdecken können. Man wird nie alle irgendwie möglichen Haftungsrisiken auf eine Versicherung abwälzen können. Deshalb ist auch immer ein gewisses Grundrisiko in jeder unternehmerischen Tätigkeit enthalten. Haftung bedeutet nämlich auch, die Folgen eines zu nedrig kalkulierten

Preises als Unternehmensinsolvenz zu tragen. Gegen Fehlentscheidungen können wir uns nicht versichern.

Aufgrund dieser nicht versicherbaren Risiken ist die Betrachtung der Risiken insgesamt wichtig. Beispielsweise könnte das Vorhandensein von privatem Vermögen (vielleicht ein eigenes Haus?) und dessen Schutz durch eine Haftungsbegrenzung ein absolut schlagkräftiges Argument für eine GmbH, Unternehmergesellschaft oder Aktiengesellschaft sein. Im Falle einer Insolvenz ist dann eben nur das ins Unternehmen eingebrachte Kapital weg und nicht das übrige private Vermögen.

Zur Gründung einer GmbH ist nur ein Gesellschafter mit mindestens 12.500 Euro in "Bar" nötig. Die zweiten 12.500 Euro "Stammkapital" (oder auch "Gezeichnetes Kapital") können nach erfolgter Gründung eingezahlt werden. Wichtig ist aber dabei, daß die Haftungsbeschränkung nur bei vollständig einbezahltem Kapital erreicht wird. Grundsätzlich ist auch eine sogenannte "Sachgründung" möglich. Also die Einlage von Vermögensgegenständen, um das Stammkapital zu erreichen. Hierbei ist große Vorsicht angesagt, da man die Werthaltigkeit der Vermögensgegenstände nicht so recht überprüfen kann (beispielsweise bei einem PKW) und im Zweifel die Haftungsbeschränkung auf dem Spiel steht.

Wie erfolgt nun die Gründung? Nun, in einem notariell beglaubigten Gesellschaftervertrag wird die Art der Beteiligungen der Gesellschafter, deren Gewinnanteile und Weiteres geregelt. Dieser Vertrag wird dem Registergericht vorgelegt und dieses kassiert die entsprechenden Gebühren. Grob muß bei einer GmbH mit Gründungskosten in Höhe von etwa 5.000 Euro gerechnet werden. Für Investitionen bleiben dann nach der Gründung also nur noch etwa 20.000 Euro übrig. Da die Kapitalgesellschaft kein negatives Kapital haben darf, muß jede Zuführung von Eigenkapital wieder im Handelsregister vermerkt werden. Und kostet Gebühren - versteht sich.

Ein Organ der GmbH ist die Gesellschafter-versammlung. Die Geschäftsführung ist das Zweite. Die Gesellschafterversammlung muß auch abgehalten und protokolliert werden. Wenn Sie der einzige Gesell-schafter und zugleich Geschäftsführer sind. Sie dürfen also zur Versammlung mit sich selbst einladen, sich selbst Vorschläge zur Entscheidung vorlegen und abstimmen. Die (seltsamerweise) immer einstimmigen Enscheidungen sind zu protokollieren. Da in dieser Versammlung mit sich selbst die Entscheidung über die Gewinnverwendung gefällt wird, ist dieses Protokoll beim Registergericht einzureichen und als Beleg aufzubewahren. Das ist ein wichtiges Dokument! Wenn Ihre GmbH mehrere Gesellschafter hat, wird die Bedeutung der Gesellschafterversammlung klarer. Sie hat die gleiche Funktion, wie die Hauptversammlung bei den Aktiengesellschaften. Hier geben die Eigentümer (Gesellschafter) der Exekutive, also der Geschäftsführung, die Marschrichtung vor, die diese dann zu verfolgen hat. Ein Aufsichtsrat ist bei der GmbH optional. Auch ein "Beirat" kann ernannt werden.

Jedes Jahr ist der Jahresabschluß der GmbH - zumindest in komprimierter Form - über den Bundesanzeiger zu veröffentlichen. Eine GmbH ist also etwas gläserner, als ein Einzelunternehmen. Das ist für Gläubiger ein Pluspunkt.

Unternehmergesellschaft (UG):

Da bis vor wenigen Jahren auch in Deutschland die englische Limited als Gesellschaftsform beliebter wurde, hat der Gesetzgeber gegengesteuert und die UG als Mini-

GmbH eingeführt. Doch warum war das sinnvoll? Nun, wer eine Ltd. gründen möchte, muß dies in Großbritannien und nach englischem Recht tun. Damit die Ltd. auch weiter eingetragen bleibt müssen auch in Großbritannien regelmäßig die Jahresabschlüsse, selbstverständlich in Englisch und nach englischem Recht aufgestellt und dort veröffentlicht werden. Genau das ist oft nicht erfolgt. Die Limited in Deutschland ist nämlich nur eine Niederlassung einer englischen Ltd. Wurde nach drei Jahren kein Jahresabschluß (mehr) veröffentlicht, wird die originale Ltd. in Großbritannien aus dem Register gelöscht. Die Ltd. besteht also nicht mehr, während in Deutschland die Niederlassung weiter betrieben wird. Tritt dann ein Haftungsfall auf, greift der Gläubiger ins Leere, da die Muttergesellschaft nicht mehr existiert. Die UG ist also eine Umgehung dieser Ltd.-Geschichte, zum Schutz von Gläubigern und Kunden.

Grundsätzlich gelten für die UG die gleichen Richtlinien, wie für die GmbH. Es ist ein Gesellschaftervertrag notwendig, der auch vom Notar beglaubigt sein muß.

Zweck der UG ist es seitens des Gesetzgebers, diese in eine GmbH zu überführen. Dazu müssen 15% der Gewinne eigenkapitalerhöhend in der Gesellschaft verbleiben und dürfen nicht an die Gesellschafter ausgeschüttet werden. Somit erhöht sich das Kapital schrittweise. Sobald die 25.000 Euro der GmbH erreicht werden, muß die UG in eine GmbH umgewandelt werden.

Die Firma einer UG muß die Angabe "(haftungsbeschränkt)" enthalten. Also beispielsweise "Malermeister Mustermann UG (haftungsbeschränkt)".

Theoretisch könnte eine UG mit dem Kapital von einem Euro gegründet werden. Da aber eine Kapitalgesellschaft alle Kosten ihrer Gründung selbst tragen können muß, sind eher etwa 2.500 Euro realistisch. Der Gesellschaftervertrag wird in der Regel durch einen Notar gefertigt, die Eintragungskosten beim Registergericht betragen je nach Bundesland auch einige huntert Euro. Die Kosten der Veröffentlichung beim Bundesanzeiger kommen hinzu und natürlich das Kapital, das für Mieten und sonstige "Betriebskosten" anfallen. Nicht vergessen: sobald eine Kapitalgesellschaft kein Kapital mehr hat, ist sie überschuldet und geht in Insolvenz. Insolvenzverschleppung (die schuldhafte Verzögerung der Insolvenzanmeldung) ist eine Straftat! Also sollte das anfänglich eingetragene Kapital aus eigenem Interesse nicht zu niedrig gewählt werden.

Zur Insolvenz bei Kapitalgesellschaften gibt es stets zwei Möglichkeiten. Einerseits führt die faktische Zahlungsunfähigkeit zur Verpflichtung das Insolvenzverfahren einzuleiten, andererseits die Überschuldung. Mit faktischer Zahlungsunfähigkeit meine ich, daß sämtliche Kreditlinien ausgeschöpft sind und keine Zahlungsmittel auf Konten oder in der Kasse mehr verfügbar sind; über einen Zeitraum von etwa zwei Wochen können keinerlei Zahlungen mehr geleistet werden. Grund kann beispielsweise die ausbleibende Zahlung eines großen Kunden sein. Überschuldung beschreibt, daß das Unternehmen weniger Vermögensgegenstände wie Maschinen oder auch Forderungen als Schulden gegenüber Fremden hat. Dann ergibt sich nämlich, daß die Differenz zwischen Fremdschulden und Vermögen als negatives Eigenkapital dargestellt werden muß. Sowie dieser Zustand erreicht ist, ist dies Grund für eine sofortige Insolvenzanmeldung! Warum? Weil eine Kapitalgesellschaft ohne Kapital ihren Wert für Gläubiger und damit ihre Daseinsberechtigung verliert!

An Organen verfügt die UG ähnlich der GmbH über die

Gesellschafterversammlung, sowie die Geschäftsführung. Beiräte oder Aufsichtsräte machen aufgrund der Größe der UGs einfach keinen Sinn.

Aktiengesellschaft (AG):

Aktiengesellschaften sind deutlich weiter verbreitet, als das aus den Medien heraus den Anschein hat. Die großen Unternehmen, welche an den Börsen notiert sind, sind Aktiengesellschaften. Allerdings sind dies nur wenige Prozent aller in Deutschland registrierten Aktiengesellschaften. Diese Gesellschaftsform ist immer dann interessant, wenn viel Kapital benötigt wird, viele Investoren sich am Unternehmen beteiligen sollen oder wollen, oder auch öfters wechselnde Gesellschafter ohne viel Verwaltungsaufwand aufgenommen werden sollen. Letztere könnten auch Mitarbeiter des Unternehmens sein. Bei einer GmbH ist jeder Wechsel in den Gesellschaftern oder deren Beteiligungsanteilen im Handelsregister eigens einzutragen. Bei der AG werden lediglich Aktien hin- und her geschoben. Änderungen am eingetragenen Eigenkapital sind lediglich im Handelsregister einzutragen wenn das Kapital als Ganzes erhöht werden soll. Beispielsweise sind bislang 100.000 Aktien zu je einem Euro ausgegeben und jetzt sollen es 150.000 Aktien zu ebenfalls einem Euro Nennwert sein.

Zur Gründung einer AG ist, wie bei jeder Kapitalgesellschaft, ein beglaubigter Gesellschaftervertrag, hier Satzung genannt, notwendig.

Nachdem eine AG nicht die typische Gesellschaftsform für eine Gründung ist, zumindest nicht im Fokus dieses Buches, möchte ich es mit der Erwähnung bewenden lassen, daß für die Gründung einer AG mindestens 50.000 Euro nötig sind. Die weiteren Bestimmungen können im

Aktiengesetz nachgelesen werden.

Weitere Gesellschaftsformen sind Genossenschaften (e.G.) und Vereine (e.V.). Diese stellen auch eine Kapitalgesellschaft dar. Auch gibt es noch die KGaA, die Kommanditgesellschaft auf Aktien und Versicherungsvereine auf Gegenseitigkeit. Diese möchte ich hier aber außen vor lassen.

Personengesellschaften			
	Mindestkapital	Haftung	Organe
e.K. / Einzel-Unternehmer	keine Vorgabe	unbeschränkt	Inhaber
GbR	keine Vorgabe	unbeschränkt, gesamtschuldnerisch	Gesellschafter
oHG	keine Vorgabe	unbeschränkt, gesamtschuldnerisch	Gesellschafter
KG	keine Vorgabe	Komplementär(e) unbeschränkt, Kommanditisten mit Einlage	Komplementär(e), Gesellschafterversammlung
GmbH & Co. KG	keine Vorgabe für die KG	die GmbH mit ihrem Kapital, die Kommanditisten mit ihrer Einlage	wie KG

BUCHHALTUNG – Einstieg für Gründer und Selbständige

Kapitalgesellschaften	Mindestkapital	Haftung	Organe
GmbH	25.000 €	beschränkt auf Stammkapital	Geschäftsführung, Gesellschafter-versammlung, optional Beirat oder auch Aufsichtsrat
UG	mindestens 1 € (s. oben)	beschränkt auf Stammkapital	Geschäftsführung, Gesellschafter-versammlung
AG	50.000 €	beschränkt auf Stammkapital	Vorstand, Haupt-versammlung

STEFAN SCHOLZ

4 HINWEISE ZUR BELEGSAMMLUNG

Bank und Kasse

Viele Gründer und Seminarbesucher fragten mich, ob sie getrennte Konten für die privaten und betrieblichen Belange benötigen. Diese Frage ist insofern nicht leicht zu beantworten, weil es wie so oft darauf ankommt.
Den Fokus habe ich hier ja auf Klein- und Kleinstunternehmen. Als "blutiger" Unternehmer-Anfänger sind viele Gründer mit mehreren Konten erst mal überfordert. Später erleichtert es den Durchblick, aber in den ersten Monaten ist das nach meiner Erfahrung zu viel.

In den ersten Wochen und Monaten werden betrieblich veranlaßte Ein- und Auszahlungen auf dem privaten Girokonto (im Kaufmannsdeutsch "Kontokorrentkonto") die Minderzahl der Bewegungen darstellen. Die Mehrzahl der Bewegungen auf dem Kontoauszug werden private Hintergründe haben - Miete, Nebenkosten, private Versicherungen, Einkäufe per Lastschrift und so weiter. Für die paar betrieblichen Zahlungsvorgänge lohnt sich ein meist gebührenpflichtiges Geschäftskonto nicht. Zudem ist es anhand des Kontosaldos auf einen Blick prüfbar, ob Sie noch "Kohle" haben, oder nicht. Nach ein paar Monaten stellt sich ein besseres Gefühl und ein wenig Routine ein bei der Übersicht, wieviel Geld nun betrieblich begründet den Besitzer wechselt. Dann macht es beim entsprechenden Volumen an Bewegungen Sinn auf getrennte Konten zu wechseln. Als Faustformel würde ich sagen, daß das langsam angesagt ist, wenn zwei Drittel der Kontenbewegungen betrieblich sind und ein Drittel privat. Dann beginnen Sie nämlich die privaten Vorgänge aus dem Auge zu verlieren - wieviel Geld da ausgegeben wird. Die Kontentrennung bringt dann Transparenz. Auf dem betrieblichen Konto kommen die Gelder rein, ein Teil des Gewinns wird für private Zwecke entnommen (deshalb sollte der Verwendungszweck der Überweisung aufs Privatkonto auch "Privatentnahme" und nicht "Gehalt" lauten, sofern Sie Einzelunternehmer sind) und außer dieser Entnahme laufen in der Regel auf dem Privatkonto nur noch privat bedingte Ausgaben. Jetzt können Sie anhand des Kontosaldos des Privatkontos prüfen, ob Sie mit der sich selbst zugestandenen Entnahme auch über die Runden kommen.

Das ist deswegen sehr wichtig, da immer ein Teil des Gewinns im Unternehmen bleiben muß, da Investitionen nur aus Gewinn heraus finanziert sinnvoll sind. Das Unternehmen muß sich selbst finanzieren können. Ständiges Aufnehmen von Darlehen ist heutzutage ja ohnehin kaum noch möglich und laufend privat "zuzubuttern" ist ja auch nicht der Sinn der Übung, oder?

Durch die Kontentrennung ist jetzt die Übersicht erleichtert, wo Gelder "versickern" und ob sich Privat und Betrieb jeweils quasi selbst tragen. Da auf die Dauer auf dem Geschäftskonto ein Guthaben auflaufen sollte (ein Teil des Gewinns), empfehle ich dringend die zusätzliche Einrichtung eines Tagesgeldkontos. Aktuell (2013) sind die

Zinsen hier zwar lächerlich, es geht aber darum, daß Gelder "außer Sichtweite" geparkt werden. Für viele ist ein hohes Guthaben auf dem Girokonto Grund für eine vielleicht nicht unbedingt notwendige Investition und spätestens bei der nächsten Steuerzahlung fehlt das Geld dann.

Wo wir gerade bei den Steuern sind. Wer Rechnungen mit Umsatzsteuer stellt sollte ohnehin schon mal grob 20% der monatlichen Einzahlungen auf die Seite legen. Später will das Finanzamt dieses Geld von Ihnen haben. Und bei Umsatzsteuer verstehen die sehr schnell keinen Spaß mehr, da Sie dieses Geld ja von Ihren Kunden schon erhalten haben. Was die Einkommensteuer angeht, so lassen Sie sich von Ihrem Steuerberater hochrechnen, in etwa welchen Betrag Sie monatlich zur Seite packen sollten. Dan kann ich Ihnen schlecht eine Hausnummer zu nennen, da das immer davon abhängt, wie hoch Ihre betrieblichen Fixkosten sind. Eventuell kann ein Anhaltspunkt die Privatentnahme sein. Wenn Ihr Unternehmen im Jahr 12 Entnahmen a 2.000 € finanziell verkraftet hat, dann haben Sie scheinbar mindestens 24.000 € Gewinn. Daraus resultieren für einen Single Pi mal Daumen 2.500 € und für Verheiratete ohne Einkommen des Partners des Unternehmers etwa 1.000 € Einkommensteuer. Die müssen auf dem Privatkonto über das Jahr hin auch noch übrig bleiben. **Der Gewinn ist ja in der Regel das Geld von dem Sie leben!**

Zwischenzeitlich sind wir also von einem Einkontenmodell zu einem Dreikontenmodell (Privatkonto, Geschäftskonto, Tagesgeldkonto Betrieb) gekommen und aus dem letzten Absatz heraus empfiehlt sich fast schon ein Vierkontenmodell mit Privat-, Geschäfts- und jeweils privatem und geschäftlichem Tagesgeldkonto.

Dieses Kapitel beschäftigt sich mit der Belegablage. Nun, wie wir die Belege ablegen sollten hängt auch davon ab, wie wir das mit unseren Girokonten handhaben. Bislang haben wir noch ignoriert, ob wir zu einem größeren Teil Bareinnahmen haben. Dann muß nämlich ein Kassenbuch geführt werden.

Da man kaum täglich seine Belege ablegt, empfiehlt es sich, diese über den Monat hin zu sammeln und dann monatlich zu sortieren und in einen Ordner zu übertragen. Wenn Sie Ihre Belege über einen längeren Zeitraum hin sammeln, ist die Überwindung nur um so höher, die Belegablage in Angriff zu nehmen. Dann erscheint der Berg sehr hoch.

Im Folgenden skizziere ich Vorschläge, wann Sie welche Art der Belegablage wählen könnten:

Variante 1

Die einfachste Möglichkeit besteht darin, alle Belege stur nach Datum zu sortieren. Einfach, nicht? Aber es geht nicht um das Rechnungsdatum, sondern um das Zahldatum! Bei Barbelegen ist das einfach. Die sind ja am Belegdatum bezahlt. Nehmen wir aber mal an, Sie hätten am 15.3. eine Rechnung für eingekauftes Büromaterial bekommen und überweisen per 12.4. (natürlich innerhalb der Zahlungsfrist). Dann kommt Ihre Rechnung über Büromaterial zum 12.4. in den Ordner und nicht zum 15.3.

BUCHHALTUNG – Einstieg für Gründer und Selbständige

Damit man später, also auch beim Einsortieren der Belege, die Reihenfolge überhaupt herausfinden kann, sollte auf dem Beleg das Zahldatum vermerkt werden. Das gilt sowohl für Kunden-, als auch für Lieferantenrechnungen. Nochmal: es geht um das Zahldatum für die Reihenfolge der Belege. Wie anfänglich schon mal erwähnt, gehe ich hier nicht auf die Behandlung bei bilanzierenden Unternehmen ein. Da würde das dann auch anders laufen.

Bei dieser Gelegenheit möchte ich noch auf die **kaufmännische Sortierung** eingehen. Diese besagt, daß die ältesten Belege unten und die neusten oben abgelegt werden. Hintergrund ist dabei, daß neue Belege immer nur oben drauf geheftet werden müssen. Es muß nicht für jeden neuen Vorgang der Ordner bis ans Ende geblättert, der neue Beleg eingeheftet und wieder alles zurückgeschlagen werden. Genauso verhält es sich mit den Monaten. Der Januar wird also unten im Ordner und der Dezember oben zu liegen kommen. Innerhalb der Monate verhält es sich gleich. Belege zum Monatsanfang sind unten und Belege vom Monatsende oben.

Konstruieren wir mal ein Beispiel:

Von unten nach oben hätten wir einen Portobeleg der Post vom 02.04., darüber (kaufmännische Sortierung) erhielten wir am 03.04. eine Kundenzahlung auf unser Konto, also liegt da unsere Rechnung an den Kunden. Wiederum darüber die Rechnung eines Lieferanten, den wir am 05.04. bezahlt haben. Am 10.04. hat das Finanzamt die Umsatzsteuer des Februar abgebucht. Welchen Beleg nehmen wir aber jetzt dafür? Nun, das könnte ein Ausdruck der Voranmeldung sein, oder auch ein Zettel auf dem Abbuchungsdatum, der Vermerk "Umsatzsteuer 02/20??" und der Betrag stehen, weil das Original der Anmeldung in einem anderen Ordner abgelegt ist. Ähnlich würde man mit Mieten, Versicherungsbeiträgen oder ähnlichen Zahlungen verfahren, für die es nur einmalig einen Vertrag und nicht monatlich einen Beleg gibt. Sofern kein Kassenbuch zu führen ist, spielt es keine Rolle, ob die Zahlungen bar oder unbar erfolgt sind. Das Prinzip ist jetzt denke ich klar.

Ein wichtiger Punkt nach der Ablage der Belege ist deren Nummerierung. Sämtliche Belege in dieser Ablageform müssen eine eindeutige Nummer bekommen. Optimal wäre hier, die Belegnummer vom Januar an durchlaufen zu lassen. Ich präferiere bei meinen Kunden die "halbschwangere" Variante. Ich empfehle hier die Nummerierung mit Kennung des Monats plus laufender Nummer. Der erste Beleg im Januar erhält also die "0101", der Zweite die "0102", der Dritte die "0103" und so weiter. Im Februar geht es dementsprechend mit "0201" los. Manchmal tauchen nachträglich noch Belege eines Monats auf. Bei gänzlich durchlaufender Nummer kann man dann nichts mehr dazwischen schieben. So ist es immer noch möglich auch mal nachträglich einen Beleg dem jeweiligen Monat zuzuordnen und diesen dazuzuheften. Trotzdem bleibt der Zusammenhang und die nötige Nachvollziehbarkeit gewährleistet.

Variante 2

Diese Spielart geht davon aus, daß Sie entweder ein Geschäftskonto unterhalten und praktisch sämtliche Einnahmen per Überweisung laufen, oder Sie ihr gemischt genutztes Konto aufgrund der vielen betrieblichen Vorgänge darauf komplett gebucht haben möchten. Werden private Vorgänge mit erfaßt, kann das Ihren Überblick über die Summen, die für Ihre Lebensführung rausgehen auch nur fördern. Ich persönlich buche deshalb alles Private mit. Diese Variante trifft sowieso auf mich zu, da ich auch seltenst Bargeschäfte abschließe. Selbst beim Einkaufen bezahlte ich meist per Karte.

Da wir ja immer noch bei der Einnahme-Überschuß-Rechnung sind und also unsere Belege nach Zahldatum ablegen müssen, finden wir die optimale Ordnung somit im Kontoauszug. Also kommen die Kontoauszüge - wieder in kaufmännischer Ablage - in einen Ordner und die betroffenen Belege hinzu. Das kann dann so aussehen:

STEFAN SCHOLZ

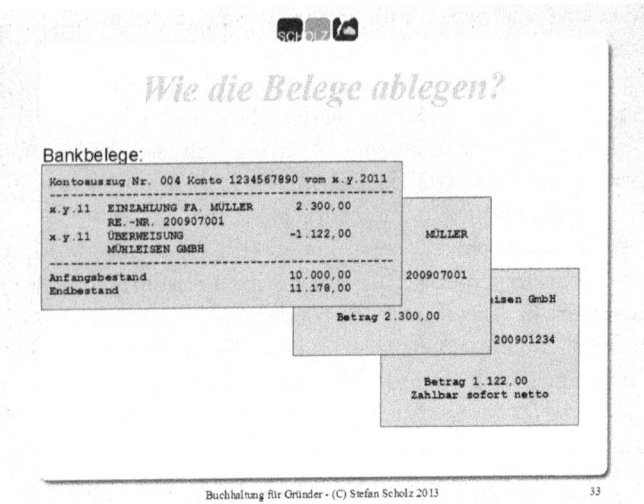

Auf dem Beispielkontoauszug wurde als erstes unsere Kundenrechnung der Firma Müller bezahlt. Der Zahlungseingang ist die erste Bewegung auf dem Auszug und somit ist unsere Rechnung an Firma Müller auch der erste Beleg, der hinter dem Kontoauszugsblatt eingeheftet wird. Als nächstes haben wir an eine Firma Mühleisen GmbH überwiesen. Diese Lieferantenrechnung landet unter Kontoauszug und Müllerscher Kundenrechnung. Vielleicht werden Sie jetzt sagen, daß es dann schwerer für Sie ist eine Rechnung wieder zu finden? Nun ja, das kommt ja immer darauf an, wie Sie suchen. Sie sollten ungefähr wissen, wann die Rechnung gestellt und bezahlt wurde, dann haben Sie aufgrund Ihres relativ geringen Belegaufkommens den Beleg auch schnell gefunden. Wenn Sie so viele Belege haben, daß dies nicht mehr gewährleistet ist, haben Sie vermutlich Umsätze, die eine Bilanzierung nahelegen. Dann ist eine getrennte Ablage von Rechnungen und deren Zahlungsvorgängen ohnehin sinnvoll und nötig. Meiner Meinung nach aber erst dann.

Das Kassenbuch

Ein Kassenbuch hat seine eigenen Gesetzmäßigkeiten. Zunächst sollten Sie tatsächlich eine getrennte Kasse haben, wenn Sie aufgrund vieler Bareinnahmen ein Kassenbuch führen. Kassenbelege tauchen demnach auch nicht mehr in der Ablage der oben beschriebenen Variante 1 auf. Das Kassenbuch enthält jegliche Ein- und Auszahlung aus der physischen Kasse. Der Bestand der Kasse muß jederzeit durch Zählen mit dem Kassenbuch abgestimmt werden können. Täglich ist der Kassenbestand mit dem Kassenbuch abzugleichen.

Ein- und Auszahlungen in der Kasse entstehen auch, wenn Sie aus Ihrer Kasse 100 € entnehmen und diese auf Ihrem Bankkonto einzahlen. Genauso anders herum. Wir haben bei einem Transfer Kasse an Bank zwei Vorgänge. Buchen wir nach Variante 1, so fällt der Vorgang auf dem Bankkonto aus der Betrachtung heraus. Bei Ablage und Buchhaltung nach Variante 2 sind beide aufzuzeichnen. Die Entnahme in der Kasse muß mit einem Zettel auf dem zumindest das Entnahmedatum und der Betrag stehen und für die Ablage des Bankkontos steht dann die Einzahlungsquittung der Bank zur Verfügung. Es darf im Kassenbuch keine einzige Eintragung geben, die nicht durch einen Beleg nachgewiesen ist. Das darf auch ein Eigenbeleg sein, wie eben mit der Kassenentnahme beschrieben. Ebenso muß mit Privatentnahmen aus der Kasse verfahren werden. Auch hier ist zumindest ein Zettel mit dem Vermerk "Privatentnahme", Datum und Betrag vorhanden sein.

Die Verfahrensweise ein Kassenbuch zu schreiben verdient noch etwas Aufmerksamkeit. In einem Kassenbuch darf niemals mit Tippex eine Eintragung unkenntlich gemacht werden! Falsche Angaben sind so durchzustreichen, daß der ursprüngliche Inhalt noch lesbar ist. Korrekte Inhalte dürfen dann darunter oder daneben

eingetragen werden. Da es eine gewisse Übung braucht, um ein Kassenbuch richtig zu führen, empfehle ich dieses laufend erst mal auf einem selbst erstellten Vordruck, oder in einer Excel-Tabelle zu führen und dies dann nach Monatsende handschriftlich in das eigentliche Buch zu übertragen. Kassenbücher in etwas unterschiedlichem Layout finden Sie im Bürofachhandel. Dabei handelt es sich immer um Bücher im DIN A4-Format mit einem weißen, heraustrennbaren und einem fest verankerten Blatt. Ein Blatt Kohlepapier sorgt für das Durchschreiben. Das weiße Blatt geht zum Steuerberater oder Buchhalter und der Durchschlag muß unbedingt im Buch verbleiben. Das ist am Ende die Unterlage, die ein Steuerprüfer bei Ihnen sehen will!
Im Kassenbuch sind nicht nur die Seiten, sondern auch die Belege fortlaufend durchzunummerieren. Die Steuerkanzlei Michael Müller in Utting (Bayern) bietet auf ihrer Homepage neben einer Anleitung und einem Kassenformular auch andere Hilfsmittel. Dieses Kassenformular halte ich für gut geeignet und ich möchte die Verwendung empfehlen. Anhand dieses Musters habe ich hier die wichtigsten Punkte markiert.

BUCHHALTUNG – Einstieg für Gründer und Selbständige

michael**müller**
Steuerkanzlei

Auszug aus einem Kassenbuch

Firma: **Good Food GmbH**

Kassenbuch für den Zeitraum: 01.07.2008 - 04.07 Verfasser: Werner Taufrisch

Einnahmen	Ausgaben	Bestand	BelegNr	Fibukonto	Datum	Zweck
Anfangsbestand/	-Übertrag	1.120,25			30.06.	
	15,00	1.105,25	67		01.07.	Post
1.522,60		2.627,85	68		02.07.	Tagesumsatz 19%
488,60		3.116,45	68		02.07.	Tagesumsatz 7%
	22,50	3.093,95	69		02.07.	Kurier
	15,00	3.078,95	70		02.07.	Taxi
	88,60	2.990,35	71			Amberger
	855,60	2.134,75	72		03.07.	Metro
	188,60	1.946,15	73		03.07.	Bergmeier
488,60		2.434,75	74		04.07.	Tagesumsatz 19%
266,40		2.701,15			04.07.	Tagesumsatz 7%
	1.000,00	1.701,15	75		04.07.	Bankeinzahlung
2.766,20	2.185,30			Summen		
	1.120,25	1.701,15		Anfangs-	bestand/ Endbestand	

Jedes Blatt des Kassenbuchs benötigt einen Anfangsbestand, welcher zugleich der Endbestand des vorigen Blattes sein muß. In dieser Kassenbuchvorlage ist zudem ein laufender Bestand eingebaut. Über diesen ist täglich der Bestand prüfbar, da ja nicht unbedingt für jeden Tag ein neues Blatt im Kassenbuch angefangen wird. Meist reicht dieses fast für einen ganzen Monat. Jeden Tag muß, wie erwähnt, der Bestand geprüft werden (können). Deshalb ist der mitlaufend berechnete Bestand sehr hilfreich.

michael**müller**
Steuerkanzlei

Auszug aus einem Kassenbuch

Firma: **Good Food GmbH**

Kassenbuch für den Zeitraum: 01.07.2008 - 04.07.2008   Verfasser: ...

Einnahmen	Ausgaben	Bestand	BelegNr	Datum	Zweck
Anfangsbestand/	-Übertrag	1.120,25		30.06.	
	15,00	1.105,25	67	01.07.	Post
1.522,60		2.627,85	68	02.07.	Tagesumsatz 19%
488,60		3.116,45	68	02.07.	Tagesumsatz 7%
	22,50	3.093,95	69	02.07.	Kurier
	15,00	3.078,95	70	02.07.	Taxi
	88,60	2.990,35	71	02.07.	Essen Amberger
	855,60	2.134,75	72	03.07.	Metro
	188,60	1.946,15	73	03.07.	Bergmeier
488,60		2.434,75	74	04.07.	Tagesumsatz 19%
266,40		2.701,15	74	04.07.	Tagesumsatz 7%
	1.000,00	1.701,15	75	04.07.	Bankeinzahlung
2.766,20	2.185,30		Summen		
1.120,25	1.701,15		Anfangs-	bestand/ Endbestan	

Wie im vorigen Abschnitt schon angeregt, könnte man für jeden Monat einen eigenen Belegnummernkreis auch in der Kasse verwenden. Je nach Buchhaltungsprogramm können Belegnummern ja auch alphanumerisch sein. Somit könnten die Kassenbelege K0701, K0702 statt 67 und 68 im obigen Beispiel lauten. K stände für Kasse, "07" für den Juli und "01" für ersten Beleg im Juli. Wichtig ist immer, daß für jeden Eintrag im Kassenbuch auch wirklich ein Beleg vorhanden ist.

BUCHHALTUNG – Einstieg für Gründer und Selbständige

Auch, wenn er so aussieht:

K 07 12

Privatentnahme

50,—

5.7.xx

Derartige Eigenbelege würde man also meist für Privatentnahmen, Privateinlagen und sonstige Vorgänge ausstellen, zu denen - hoffentlich nicht wegen Vergessens - kein Beleg vorhanden ist. Bei Bankeinzahlungen erhalten Sie am Schalter und auch am Automaten einen Beleg. Dieser stellt auch einen Kassenbeleg dar. Auf dem Kontoauszug sieht man ja anhand des Textes, daß es sich um eine Bareinzahlung handelt.
Wichtig wäre noch der Text, mit dem man die Eintragung vornimmt. Dieser ist lieber ausführlicher, als zu kurz.

Wie Sie im obigen Beispiel sehen können, wurden die Einnahmen eines Tages zu dem jeweiligen Mehrwertsteuersatz (19% und 7%) summiert eingetragen. Es ist also nicht notwendig, jeden einzelnen Umsatz einzutragen. In der Regel ist für Unternehmen, die praktisch ausschließlich Bareinnahmen haben ohnehin eine Registrierkasse vorgeschrieben. Die Tagesprotokolle dieser Registrierkasse sind die Belege für die Tagesumsätze. Wenn Sie keine Registrierkasse verwenden, sollten sie

trotzdem jeden einzelnen Verkaufsvorgang aufzeichnen und als Beleg dem Kassenbuch beifügen.
Warum der Aufwand? Es scheint nirgends leichter, Schwarzgeld zu produzieren, als bei Bargeschäften. Das wissen auch die Steuerprüfer. Haben Sie keine nachvollziehbaren Aufzeichnungen darüber, wie sich Ihre Tageseinnahmen zusammensetzen, hat ein Prüfer freie Bahn zum Schätzen Ihrer Einnahmen. Deshalb schützen Registrierkassen nicht nur die regulären Steuereinnahmen unseres Fiskus, sondern auch Sie vor überhöhten Schätzungen eines Steuerprüfers! Im Handel läßt sich Ihr Umsatz spätestens anhand der eingekauften Ware hochrechnen. Was Sie eingekauft haben und nicht mehr im Lager ist, muß ja wohl verkauft sein, oder? Das Gleiche gilt übrigens für die Gastronomie! Steuerprüfer haben wirklich meterweise Nachschlagewerke im Regal stehen, die durchschnittliche Werte für Wareneinsatz, Umsatz, Gewinn, Personalkosten und vieles Mehr für jede nur erdenkliche Branche enthalten. Glauben Sie mir, die erkennen schon anhand Ihrer betriebswirtschaftlichen Auswertung innerhalb weniger Minuten, wo Sie möglicherweise tricksen, weil Sie von der Norm abweichen. Dann helfen nur Beweise und gute Argumente!

Ab dem Jahr 2014 (ich schreibe dieses im Juni 2013) ist zusätzlich zum Kassenbuch eine Registrierkasse anzuschaffen. Diese muß nicht nur einen Tagesabschluss drucken können, der die Tageseinnahmen auf Null setzt, sondern alle Bewegungen auch elektronisch ausgeben können, falls ein Betriebsprüfer anrückt. Trotz Registrierkasse muß immer noch ein Kassenbuch geführt werden.

5 TIPPS UND TRICKS

Nachdem Sie jetzt einige Hinweise dazu haben, wie Sie die Belege aufbereiten können und eventuell nochmal zum Kapitel Begriffe zurückgegangen sind, möchte ich im Folgenden einige Anregungen geben.

Anlagegüter

Anlagegüter sind Wirtschaftsgüter (Gegenstände), die dem Unternehmen länger als ein Jahr dienen und einen gewissen Mindestwert haben. Auch ein Recht kann ein "Wirtschaftsgut" sein, deshalb dieser Begriff. Ein hier zutreffendes Recht wäre beispielsweise eine Konzession für einen Taxibetrieb, oder eine Gastwirtschaft.
Für die Behandlung eines Gutes als Anlagegut muß dieses für sich selbst nutzbar sein. Wenn Sie also für ihren betrieblichen PKW eine Anhängerkupplung nachrüsten, ist die Kupplung nicht für sich nutzbar. Sie gehört zum PKW und muß auch mit diesem zusammen "abgeschrieben" werden. Ein Computermonitor beispielsweise kann nicht ohne den zugehörigen Rechner genutzt werden. Bei einem Drucker scheiden sich dann schon die Geister.
Ab wann muß man sich nun diese Gedanken machen? Nun die "geringwertigen Wirtschaftsgüter" beginnen seit 2010 bei 150 €. Bei Gegenständen unter 150 € sind diese als nicht als Anlagegut zu behandeln, sondern als betrieblicher Aufwand (Erläuterung siehe Begriffe).

Bis vor ein paar Jahren gab es nur eine Regelung für
Wirtschaftsgüter mit einem geringeren Wert. Diese besagt,
daß die Wirtschaftsgüter in einer extra Liste
(Anlagenverzeichnis) aufgezeichnet werden muß, aber
wegen des geringen Werts im Jahr der Anschaffung voll
vom Gewinn abgesetzt werden darf (daher der Begriff
"Absetzen"). Letztendlich werden diese Güter also ähnlich
wie Aufwand behandelt. Sinnvoll.
Diese Regelung war von 2008 bis 2010 außer Kraft und
wurde glücklicherweise 2010 wieder eingeführt.
Unglücklicherweise ist die Regelung von 2008
("Sammelposten") immer noch in Kraft und gilt
ergänzend.
Die gute, einfache Lösung gilt für Güter, die zwischen 50 €
und 410 € **inklusive Mehrwertsteuer** kosten. Die neue,
ungünstige Regelung gilt für Güter, die zwischen 150 €
und 1.000 € netto, also **exklusive Mehrwertsteuer**
kosten. Für Güter, die zwischen 150 € und 410 € kosten
haben Sie also die Wahl die eine oder die andere Regelung
zu nehmen.
Das Dumme an der neuen Regelung sind nicht die
Beträge, das Dumme ist, daß diese Anlagen immer stur
über fünf Jahre in gleichen Beträgen abgeschrieben werden
müssen. Stellen Sie sich doch mal einen Grafikdesigner
vor. Hier wird spätestens nach zwei bis drei Jahren ein
neuer PC fällig. PCs kosten heute meist unter 1.000 €. So
muß nun der Rechner zwingend über fünf Jahre
abgeschrieben werden, obwohl er nach der Hälfte der Zeit
für den Designer keinen Wert mehr hat, weil veraltet. Der
Hammer kommt allerdings noch. Sie müssen die Kiste
auch dann noch weiter abschreiben, wenn das Ding schon
nicht mehr da ist. Stellen Sie sich vor, Sie kaufen im Laden
einen Notebook für 900 € brutto. Sie nehmen zu Hause
das Gerät in Betrieb und am nächsten Tag fällt es Ihnen
runter. Bei Eigenverschulden haben Sie auch mit
Gewährleistung ("Garantie") keine Chance. Sie dürfen das
Maschinchen nun über fünf Jahre abschreiben, obwohl Sie

es nicht nutzen konnten. Betriebswirtschaftlich sinnvoll wäre es jetzt den gesamten Wert auf einmal abzuschreiben, da der Nutzen ja auch nicht mehr da ist. Kostet der Rechner über 1.000 € netto ist das ja auch so. Nur bei den Geringwertigen Wirtschaftsgütern über 410€ nicht. Warum man solche scheinbar fehlgeleiteten Gesetze erläßt? Nun die meisten Investitionen kosten unter 1.000 €. Diese Beschneidung bringt höhere Gewinne und somit höhere Steuereinnahmen!
So. Nach langer vorrede nun der Tipp: Wenn Sie es irgendwie möglich machen können, dann sollten geringwertige Anschaffungen möglichst unter den 410 € inklusive MwSt liegen, oder gleich über den 1.000 € ohne MwSt.

Anlagegüter, die über den Werten für GWGs liegen und auch abnutzbar sind, sollten nach den Abschreibungstabellen (AfA-Tabellen) abgeschrieben werden. Diese Tabellen regeln die Nutzungsdauern, welche von der Finanzverwaltung akzeptiert werden. Wenn es in Ihrem Betrieb sinnvoll ist, können Sie davon abweichen. Sie sollten das aber möglichst vorher mit dem Finanzamt abklären und schriftlich ein Einverständnis einholen.

Beispiel:
PKW werden gemäß AfA-Tabellen über fünf Jahre abgeschrieben. Jetzt werden PKWs aber in den Unternehmen unterschiedlich genutzt. Ein PKW, der nur alle paar Tage im Stadtverkehr genutzt wird, wird länger halten und also nutzbar sein, als ein PKW, der von einem Vertreter genutzt wird. Der Vertreter wird eventuell 100.000 km jährlich abspulen und das Fahrzeug mit Glück drei Jahre lang nutzbar sein. Danach ist die Kiste schrottreif. Wer also eine besonders hohe Abnutzung bei einer Anlage hat, sollte die Verkürzung der Nutzungsdauer sicherheitshalber vorab mit dem Finanzamt abklären.

Abschreibungen (AfA) gibt es nur für abnutzbare Wirtschaftsgüter. Nicht abnutzbar sind beispielsweise "normale" Grundstücke. Nicht normale Grundstücke sind solche, aus denen Bodenschätze ausgebeutet werden. Ein Kiesgrundstück wird nach dem Ausbeuten des Kieses deutlich weniger wert sein.

Personalaufwand
Zum Personalaufwand eines Arbeitgebers gehört einerseits der Bruttobetrag im Arbeitsvertrag, andererseits der Arbeitgeberanteil zur Sozialversicherung. Den Arbeitnehmeranteil der Sozialversicherung (gesetzliche Sozialversicherung, Krankenversicherung, Pflegeversicherung, Rentenversicherung, Arbeitslosenversicherung) trägt der Arbeitnehmer. Dieser wird ihm bei der Lohn- und Gehaltsabrechnung ja abgezogen. Der Arbeitgeber überweist den Betrag nur für den Arbeitnehmer. Mit der Lohnsteuer verhält es sich genauso. Diese wird dem Arbeitnehmer abgezogen und der Arbeitgeber überweist sie an das Finanzamt.
Wenn Sie überschlagsweise hochrechnen wollen, wieviel Sie Ihr Mitarbeiter kostet, so rechnen Sie das Brutto mal 1,4. Dies gilt auch für geringfügig Beschäftigte, da Sie als Arbeitgeber pauschal Sozialversicherung entrichten

müssen.

Raumkosten

Da viele Kleinstunternehmen aus dem heimischen Wohnzimmer aus betrieben werden, stellen die Raumkosten für diese Büroecke oftmals ein Problem dar. Wer Büro- oder Praxisräume gemietet hat und diese ausschließlich betrieblich nutzt, hat da keine Schwierigkeiten. Sämtliche Aufwendungen für Miete, Heizung, Nebenkosten, Strom und so weiter sind voll abzugsfähig.

Ein wirklich komplett getrenntes Arbeitszimmer in der eigenen Wohnung ist die nächstbessere Lösung. Allerdings haben Finanzverwaltung und Rechtsprechung für Arbeitszimmer recht enge Grenzen gesetzt, was die Absetzbarkeit angeht. Einerseits gibt es eine Obergrenze für die Gesamtaufwendungen für dieses Arbeitszimmer von 1.250 € jährlich. Andererseits darf der Raum kein "Durchgangszimmer" sein, also es darf nicht sein, daß man durch diesen Raum hindurch gehen muß, um in andere Räume zu gelangen. Auch darf die Ausstattung keine privaten Möbel wie eine Couch, oder gar eine Schlafcouch enthalten. Spielekonsolen und Fernseher gehen natürlich auch nicht. Sie werden jetzt fragen, wer das kontrolliert - nun es kann tatsächlich passieren, daß jemand vom Finanzamt auch unangekündigt vorbei kommt und den Raum in Augenschein nimmt. Zugegeben, das passiert selten. Der organisatorische Aufwand zur Bestimmung der tatsächlichen Raumkosten ist verhältnismäßig hoch. Es müssen zuerst sämtliche Kosten der Wohnung (Miete, Strom, Heizung, und so weiter; bei Wohneigentum die Abschreibung und Zinsen statt der Miete) ermittelt und dann - meist - nach der Fläche des Arbeitszimmers im Verhältnis zur Gesamtfläche der Kostenanteil des Arbeitszimmers errechnet werden.

Dumm dran ist rein rechtlich wer keinen getrennten Raum zur Verfügung hat. Eventuell haben Sie ja auch als

Heilpraktiker zwar einen Behandlungsraum gemietet, aber keinen Büroraum? Oder nur einen Behandlungsraum zur Mitnutzung? Nun. Bei meinen Buchhaltungskunden umgehe ich dieses Problem, indem ich monatliche Pauschalen für die Büroecke ansetze. Je nach Umsatz und sonstiger Kostenstruktur meist zwischen 30 und 50 € monatlich. Bislang hat es bei keinem Kunden dabei Probleme mit dem Finanzamt gegeben.

Versicherungen und Beiträge

Bei kleinen Unternehmen sind die häufigsten betrieblichen Versicherungen die entsprechende Form der Haftpflichtversicherung, sowie die Betriebsinhaltsversicherung. Wer als Handwerker seine Werkzeuge im Fahrzeug hat, sollte sich Gedanken über eine Transportversicherung machen. Werkzeug ist teuer und so ist dieses im Falle eines Einbruchs in den Wagen versichert. Damit der Schaden am Fahrzeug versichert ist wäre mindestens eine Teilkaskoversicherung sinnvoll. Warum "entsprechende Form der Haftpflichtversicherung"? Verschiedene Berufsgruppen haben verschiedene Bezeichnungen für die für sie zutreffende Haftpflichtversicherung. Rechtsanwälte, Steuerberater, Gutachter und sonstige beratenden Berufe benötigen eine Vermögensschadenshaftpflicht. Ärzte, Therapeuten und Heilpraktiker haben eine Berufshaftpflicht und die Übrigen eine Betriebshaftpflichtversicherung. Die Berufshaftpflicht- und Vermögensschadenshaftpflichtversicherungen enthalten immer auch einen Teil der Betriebshaftpflichtversicherung. Wie die Bezeichnung sagt, versichert die Vermögensschadenshaftpflichtversicherung Vermögensschäden, welche durch falsche Beratung entstehen könnten. Bei der Berufshaftpflicht der Heilberufe werden "Kunstfehler" abgedeckt. Was aber

beim Rechtsanwalt, wie beim Arzt in den betrieblichen
Räumen (oder davor) passieren kann ist, daß ein
Kunde/Patient ausrutscht und sich ein Bein bricht.
Vielleicht war gerade frisch gewischt und der Boden
rutschig. Oder im Winter nicht richtig gestreut/geräumt?
Unter Anderem für diese Fälle ist die Betriebshaftpflichtversicherung da.
Jegliche Haftpflichtversicherung hat zudem den Zweck,
ungerechtfertigte Ansprüche an Sie mit rechtlichen Mitteln
abzuwehren. Sozusagen ist eine beschränkte
Rechtsschutzversicherung immer mit eingebaut.
Womit wir bei der Rechtsschutzversicherung sind. Auch
eine solche ist grundsätzlich empfehlenswert. Der Umfang
einer betrieblichen Rechtsschutzversicherung kann sehr
unterschiedlich sein. Bitte beschäftigen Sie sich ausführlich
damit, bevor Sie eine abschließen.
Für Haftpflicht- und Rechtsschutzversicherungen gibt es
die Möglichkeit, den privaten Bereich des Unternehmers
mit einzubeziehen. Da dies eine Nebenleistung darstellt,
gibt es beim "Absetzen" der Versicherungsprämie, also
dem Ansetzen als betriebliche Ausgaben in der Regel keine
Probleme. Sämtliche anderen betrieblichen Versicherungen
sind selbstverständlich auch eine Betriebsausgabe.

Kfz-Kosten

Ein spezialgelagertes Sonderthema sind PKWs im Betrieb.
Bei der Gründung sollte man sich vorher die Frage stellen,
ob der vorher private PKW unbedingt in den Betrieb
herein genommen werden muß. Warum? Weil alles, was in
den Betrieb herein genommen wird bei Aufgabe des
Betriebes quasi an Sie privat "verkauft" werden muß. Zum
Zeitwert. Ein bereits abgeschriebenes Fahrzeug bekommt
dann also plötzlich wieder einen Wert, das Unternehmen
einen Gewinn und zusätzlich wird eventuell Umsatzsteuer
auf den "Verkauf" an Sie selbst fällig.

Innerhalb der ersten Jahre geben nun mal viele Ihre Selbständigkeit wieder auf - und finanzielle Schwierigkeiten sind da seltener der Grund, als man glauben mag. Unter Umständen entsteht bei der Betriebsaufgabe nur ein Risiko für erhöhte Steuerzahlungen. Risiken sollte man vermeiden, wenn möglich.

Wann muß nun ein PKW in den Betrieb eingelegt werden? Wenn Sie den Wagen zu mehr als 50% der gefahrenen Kilometer betrieblich nutzen! Sofern Sie nicht freiwillig ein Fahrtenbuch schreiben, läßt sich das aus den betrieblich geltend gemachten Kilometern im Verhältnis zum Tachostand ermitteln oder abschätzen.

Bei der Einkommensteuer sind generell alle Gegenstände problematisch, die auch privat genutzt werden oder werden können. Das gilt für das Telefon, wie auch für Fahrzeuge. Sofern für solche gemischt genutzten Gegenstände keine Aufzeichnungen vorhanden sind, die **objektiv** zur Abgrenzung der privaten von der betrieblichen Nutzung geeignet sind, sind die gesamten Aufwendungen **nicht** abzugsfähig! Dies gilt auch für einen PKW, der ausschließlich für den Betrieb angeschafft wurde! Ungereimtheiten bei PKWs sind der Hauptzielpunkt von Steuerprüfern. Nirgends ist es so leicht einige tausend Euro dem Fiskus zuzuschustern! Nirgends sonst kann "wird schon werden"-Einstellung auf Ihrer Seite so teuer werden!

Wie geht das nun? Als Hilfe habe ich Ihnen eine Art Entscheidungsbaum erstellt:

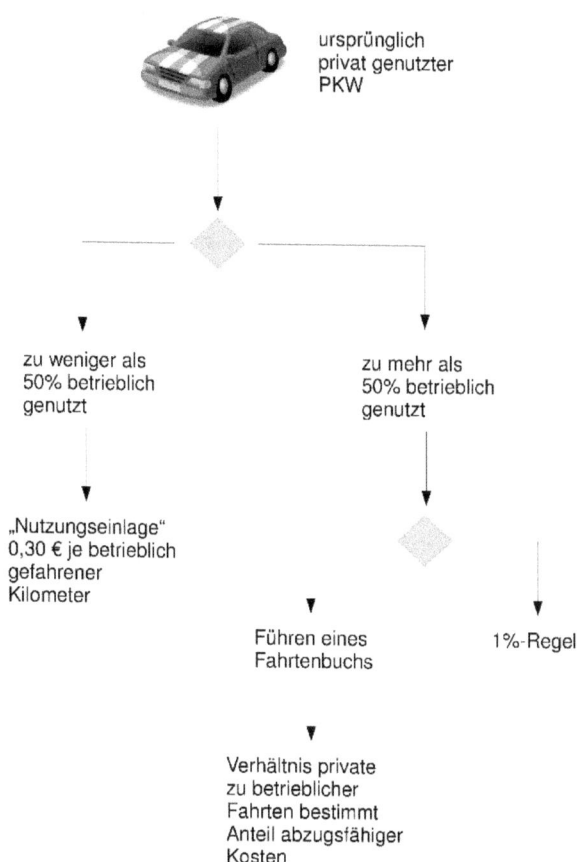

Wird ein Fahrzeug dauerhaft zu weniger als 50% betrieblich genutzt, dürfen je betrieblich gefahrenen Kilometer 0,30 € als Kosten geltend gemacht werden.

Diese 0,30 € decken sämtliche - nochmal **sämtliche** - Fahrzeugkosten ab. Auch Unfallkosten oder Ähnliches. Alle Kfz-Kosten sind demnach privat. Lediglich diese 0,30 € sind zu erfassen. Dafür müssen natürlich die betrieblich gefahrenen Kilometer irgendwie notiert werden. Da böte sich tatsächlich ein Fahrtenbuch an, eine (handschriftliche) Liste der betrieblichen Fahrten oder auch Eintragungen im Kalender (auch handschriftlich). Der ermittelte Kfz-Aufwand stellt quasi Kosten dar, die privat bezahlt wurden. Daher der Begriff "Nutzungseinlage". Sie haben das Recht der Kfz-Nutzung eingelegt, verbunden mit den pauschalisierten Kosten. Übrigens sorgt der Schwabe in mir denn auch dafür, daß mein PKW geringe Gesamtkosten hat und somit die 0,30 € höher sind als die tatsächlichen Kosten je insgesamt gefahrenen Kilometer. Somit zahlt quasi das Finanzamt einen großen Teil meiner tatsächlich privaten Kfz-Kosten mit.

Wird das Fahrzeug dauerhaft mehr als 50% betrieblich genutzt, **muß** es in den Betrieb eingelegt werden. Geprüft wird und den Status verändert man zum Jahreswechsel. Das bedeutet, daß Sie den Zeitwert des Fahrzeugs ermitteln müssen und den Wagen dann auf Basis dieses Wertes abschreiben dürfen. Beispielsweise könnten Sie den Wert über ein Gebrauchtwagenportal im Internet oder auch durch ein Wertgutachten beweisen. Diese Abschreibung stellt dann neben den laufenden Kfz-Kosten, wie Versicherung, Kfz-Steuer, Reparaturen und Sprit einen Teil der Kfz-Kosten dar.
Wie der private Anteil ermittelt wird hängt nun davon ab, ob Sie ab Einlage des Wagens ein Fahrtenbuch schreiben oder nicht.
Vorsicht: ein Fehler im Fahrtenbuch und ein Steuerprüfer ist berechtigt das gesamte Fahrtenbuch zu verwerfen und Sie auf die 1%-Regel zu zwingen! Die sicherste Varianten ist es eine im Bürofachhandel erhältliches Büchlein zu kaufen und dieses zu benutzen. Nicht nur, daß Uhrzeiten

und Datum von Abfahrt und Ankunft eingetragen werden müssen, nein auch Person, Anschrift (!) und Zweck der Fahrt mitsamt Gesamtkilometerstand bei Abfahrt und Ankunft müssen erfaßt werden:

Beispiel:
Abfahrt: 30.06.2013 8:15
Ankunft: 30.06.2013 8:55
Ziel: Max Mustermann, Musterstr. 47, 24xxx Musterstadt
Zweck: Beratungsgespräch
km Abfahrt: 123.450 km
km Ankunft: 123.481 km
Art der Fahrt: geschäftlich

Die Rückfahrt stellt eine eigene Fahrt dar und muß also getrennt erfaßt werden! Fahrten zwischen Wohnung und Betrieb gelten übrigens als private Fahrt. Sie können aber zum Jahresabschluß wie bei Angestellten mit 0,30 € je **Entfernung**skilometer berücksichtigt werden.
Am Jahresende werden sämtliche privaten und betrieblichen Kilometer addiert und ins Verhältnis gesetzt. Angenommen die Kfz-Kosten betrugen 10.000 € für das gesamte Jahr und der Anteil der privaten Kilometer betrug 15%, dann stellen 1.500 € (15% von 10.000 €) sogenannten "Eigenverbrauch" dar. Die 1.500 € werden also als Quasi-Erlös, eventuell plus MwSt, dem Gewinn hinzugerechnet. So ist das eine faire Lösung.
Die 1%-Regel ist alles andere als fair. Meiner Meinung nach. Hier müssen Sie, sofern das Finanzamt Ihr Fahrtenbuch nicht anerkennt oder verwirft, 1% des früheren Bruttolistenpreises Ihres PKW monatlich als Eigenverbrauch plus MwSt ansetzen. Bei einem Kleinwagen ist das überschaubar. Zu diesem einen Prozent kommen 3 Promille des Bruttolistenpreises je Entfernungskilometer zwischen Wohnung und Betrieb hinzu. Bei angenommenen 30 Kilometer Entfernung sind wir jetzt schon bei monatlich 1% plus 0,9% = 1,9%!

Die 1%-Regelung ist aus meiner Sicht deshalb unfair, weil das Alter des Fahrzeugs nicht beachtet wird. Extrembeispiel: Sie fahren einen zehn Jahre alten PKW des bekannten Herstellers aus Stuttgart - der mit dem seltsamen Stern. Das Gerät hat einstmals 100.000 € Listenpreis gehabt. Gekauft haben Sie ihn vor einem halben Jahr zu einem Spottpreis von 8.000 €. Er hat ja schon 250.000 Kilometer auf dem Buckel. Obwohl (gehässig gesagt) das Fahrzeug halb schrottreif ist müssen Sie sich monatlich 1.000 € (eventuell) plus MwSt dem Gewinn zurechnen lassen! Wohnen Sie nicht neben dem Betrieb plus 3 Promille je Entfernungskilometer. Aufs Jahr gerechnet kommen wir so auf eine Gewinnerhöhung von 12.000 € eventuell plus MwSt, obwohl der Wagen nicht mal so viel an Kosten verursacht. OK, Sie fahren keinen so teuer gewesenen Wagen. Um so besser für Sie.

Reisekosten

Sollten Sie mal nicht mit dem PKW unterwegs sein, fallen vielleicht Kosten für Bahn- oder Bustickets an. Auch wenn sie ausnahmsweise mal mit Bus, Bahn oder auch Taxi unterwegs sind, stellen die Tickets oder die Taxiquittung Reisekosten dar. Falls sie eventuell gar kein Auto haben und nur in der Region mit dem Bus unterwegs sind, kann auch Ihre Monatskarte Reisekosten zu den Reisekosten zählen. Bei mehrtägigen Reisen selbstverständlich auch die Hotelkosten. Bezüglich der Umsatzsteuer ist das bei Hotelrechnungen heute nicht mehr so einfach. Die Übernachtung selbst darf mit 7% MwSt in Rechnung gestellt werden. Das Frühstück muß aber mit 19% MwSt auf der Rechnung stehen. Das ist genau genommen sinnfrei - aber so steht es im Umsatzsteuergesetz.
Bei Reiseaufwendungen beliebt ist das Thema Verpflegung und Verpflegungsmehraufwand. Schon wieder haben wir so ein kompliziertes Monstrum, wie bei der privaten PKW-Nutzung. Angesetzt werden soll von der Idee her,

der erhöhte Aufwand aufgrund einer Reise. Wäre man zu Hause geblieben, hätte man ja auch Geld für Frühstück, Mittagessen oder Abendessen ausgeben müssen.
Wer nunmehr bis 2014 **mehr als 30 Kilometer** vom Betrieb entfernt *und* **mehr als 8 Stunden** unterwegs war, darf 6 €, mehr als 14 Stunden 12 € und bei Reisen von 0:00 Uhr bis 24:00 Uhr 24 € als Verpflegungsmehraufwand geltend machen (als Einlage behandeln). Dieses von 0:00 Uhr bis 24:00 Uhr bedeutet also, daß es sich um einen Tag handelt, der von An- und Abreisen eingeschlossen wird. Kaum jemand wird exakt um 0:00 Uhr ins Auto steigen. Ab 2014 ist geplant unterhalb der Abwesenheit von vollen 24 Stunden nur noch ab 8 Stunden a 12 € als Verpflegungsmehraufwand zu rechnen. Das ist wenigstens mal eine kleine Verbesserung.
Jetzt ist natürlich die Frage, wie Sie die Verpflegungsmehraufwendungen nachweisen. Die einfachste Lösung wäre, dies (eventuell zusätzlich zu den gefahrenen Kilometern) in Ihrem Kalender zu ergänzen.

In diesem Beispiel wurden für eine Reise nach Berlin 459 km mit dem privaten PKW zurückgelegt (Mal 0,30 € ergibt das die Nutzungseinlage) und die Verpflegungsmehraufwendungen betragen 12 €. Die Reisekosten würden in diesem Beispiel also 137,70 € für die Kilometer plus 12 € Verpflegungsmehraufwand gleich 149,70 € betragen.
Bei einem betrieblichen PKW, also ohne Nutzungseinlage der Kilometer, bleiben nur die 12 €, da ja die gesamten Fahrzeugkosten ohnehin betrieblich erfasst werden. Die Tankquittung aus Berlin wäre also sowieso in der Buchhaltung zu erfassen. Um Mißverständnissen vorzubeugen. Bei privat veranlassten Fahrten mit dem betrieblichen PKW sind auch alle Tankquittungen

geschäftlich. Dafür rechnen Sie ja die Privatnutzung mit dem einen Prozent oder nach Fahrtenbuch anteilig ab.

Bewirtungskosten

Bewirtungskosten haben wir immer dann, wenn **Fremde** bewirtet worden sind. Fremde sind also nicht der eigene Partner oder eigene Mitarbeiter. Bewirtung umfaßt Speisen und Getränke. Der im Büro ausgeschenkte Kaffee, das Mineralwasser oder die Cola gehören also auch zu den Bewirtungen. Wer Kunden und Geschäftspartner zu Hause bewirtet, kann also auch mal - auch mal heißt nicht wöchentlich oder regelmäßig - ein Päckchen Kaffee oder eine Kiste Mineralwasser in die Bewirtungskosten hinein nehmen.
Egal, ob Sie in Ihren Räumen bewirten, oder in einem Cafe oder einem Restaurant. Sie müssen die Bewirtung mit einem geeigneten Beleg nachweisen. In Cafes und Restaurants sollten Sie daher immer einen "Bewirtungsbeleg" oder "Steuerbeleg" verlangen. Auf diesem Beleg ist zu vermerken (falls nicht aufgedruckt) wo die Bewirtung stattgefunden hat. Desweiteren müssen ergänzt werden wer bewirtet worden ist (inklusive Ihnen), welchen Zweck die Bewirtung hatte und Sie müssen unterschreiben. Eventuelles Trinkgeld können Sie auch auf dem Beleg vermerken. Trinkgeld ist steuerlich abzugsfähig! Als Zweck der Bewirtung sollten Sie unbedingt etwas Phantasie aufbringen. "Geschäftsessen" ist kein sinnvoller Zweck. "Akquisegespräch", "Besprechung Organisation", "Besprechung Projektmeilenstein", "Nachbesprechung Firmenpräsentation" wären denkbare Bewirtungszwecke. Lieber etwas zu ausführlich, als daß der Beleg im Rahmen einer Betriebsprüfung gestrichen wird.
Betriebsprüfung ist an der Stelle so ein Stichwort. Prüfer müssen ja was finden. Da ich Vorsteuerabzugsberechtigt bin, gönne ich einem eventuell mal erscheinenden Prüfer die Arbeit meinen Vorsteuerabzug zu korrigieren, da ich so

frech bin aus den Bewirtungskosten inklusive Trinkgeld die Vorsteuer zu Ziehen. Bei Bewirtungskosten von kaum über 100 € jährlich fällt der Schaden nicht ins Gewicht und der Prüfer darf was finden. Im Trinkgeld ist ja keine Vorsteuer enthalten.

Eine Voraussetzung für den Abzug der Bewirtungsaufwendungen darf ich nicht verschweigen: die Aufwendungen müssen angemessen sein. Als kleiner Unternehmer mit beispielsweise 20.000 € Jahresumsatz ist es eher unangemessen einen weniger wichtigen Kunden in ein Dreisternerestaurant auszuführen. Generell nicht abzugsfähig sind Nachtclubbesuche und Geburtstagsfeiern. Da wird davon ausgegangen, daß der private Chrarakter der Bewirtung überwogen hat und diese Bewirtungsquittung wird einer Steuerprüfung nicht standhalten.

Abschließend bleibt zu diesem Thema zu sagen, daß immer 30% der Bewirtungsaufwendungen privat sind. Diese Korrektur der Bewirtungsaufwendungen nehme ich am Jahresende bei den Abschlussbuchungen vor. Die meisten Steuerberater machen das auch so.

Geschenke

Geschenke sind nur bis zu einer Betragsgrenze von 35 € inklusive MwSt je Person und Jahr abzugsfähig. Das bedeutet, daß auf jedem Geschenkbeleg der Name der beschenkten Person(en) stehen muß. Ist dies nicht der Fall, ist die Betragsgrenze nicht nachvollziehbar und der Prüfer tilgt den Beleg aus Ihrer Gewinnermittlung.

Findige Personen kaufen gerne Geschenkgutscheine für 30 €, überlegen sich einen passenden Namen aus ihrem Kundenkreis und kaufen selbst ein... Das ist natürlich Steuerbetrug. Pfui.

Telefon und Internet

Bei betrieblichen Anschlüssen für Festnetz, Internet und das betriebliche Handy ist soweit sicher alles klar. Speziell, wenn für private Zwecke getrennte Verträge und Geräte vorhanden sind. Interessanter verhält sich die Angelegenheit bei denen, die ihren privaten Telefonanschluß auch für betriebliche Zwecke nutzen. Dadurch wird der Anschluß betrieblich. Das Einkommensteuergesetz schreibt bei gemischt genutzten Telefonanschlüssen vor, daß 30% der Aufwendungen privat sind. Das muss allerdings so erfolgen, daß zuerst über das Jahr hinweg die Telefonrechnungen in voller Höhe betrieblich erfaßt werden. Meist wird dann am Jahresende der Privatanteil ermittelt und als fiktive Einnahme ("Eigenverbrauch") dem Gewinn - gegebenenfalls plus MwSt - hinzugerechnet. Bei dem Privatanteil der Bewirtungen wird der Aufwand gekürzt, bei Telefon und PKW eine fiktive Einnahme angesetzt. Warum sollte man so etwas auch einheitlich regeln? Unklar ist die Rechtslage bislang bei Internetkosten. Unglücklicherweise weisen die meisten Telefonanbieter die Kosten für den Internetanschluss nicht mehr getrennt auf ihren Rechnungen aus. Somit ist immer fraglich wie hoch der Kostenanteil für den Internetanschluss ist. Des spielt deshalb eine Rolle, weil bislang noch keine 30% Privatanteil auf die Internetkosten wieder dem Gewinn Hinzugerechnet werden müssen. Vereinfachend nehme ich deshalb bei meinen Kunden an, daß 50% der gesamten Telefonrechnungen für das Festnetz auf den Internetanschluss entfallen. Bislag ergab das keine Probleme mit dem Finanzamt.

Zinsen

Abzugsfähig sind Zinsen nur, wenn das, was finanziert wird mit dem Betrieb in direktem Zusammenhang steht. So ist klar, daß die Zinsen für einen Kredit zur Finanzierung eines betrieblichen Transporters abzugsfähig sind. Die Zinsen eines gemischt genutzten Girokontos, das öfter oder ständig im Dispo bewegt wird wird ein Prüfer kritisch bewerten. Das gleiche Schicksal teilen dann Guthabenzinsen. Nur hat man davon meist weniger als Guthabenzinsen.
An der Stelle ein Wort zum Risiko geprüft zu werden. Meiner Erfahrung nach sind Unternehmen mit einem Umsatz von deutlich unter 100.000 € Umsatz im Jahr für das Finanzamt zur Prüfung nicht lukrativ. Da ist nicht genug zu holen. Das möchten Sie jetzt bitte nicht als Freibrief verstehen. Anhand der mit der Einkommensteuer eingereichten Zahlen, meist über die Anlage EÜR, lassen sich grobe Abweichungen herausfinden. Wenn da bei Ihnen genügend "rote Ausrufezeichen" aufleuchten dürfen Sie auch mit einer Prüfung rechnen, obwohl Sie weniger Umsatz haben.

Zum Thema Zinsen passend möchte ich nochmal auf das Dreikontenmodell eingehen. Abgesehen von eventuellen Darlehenskonten sieht dieses ein Privatkonto, ein Geschäftskonto und ein privates Tagesgeldkonto vor. Auf diesem Tagesgeldkonto sollten Sie die Rücklagen für Einkommen- und Umsatzsteuer parken. Auch "normale" Rücklagen können hier drauf sein.
Nehmen wir an, Sie sind Dienstleister und erwirtschaften bei 40.000 € Umsatz einen Gewinn von 20.000 €. Als Single müssten Sie grob von 2.000 bis 2.500 € Einkommensteuer ausgehen. Monatlich sollten also allein für die Einkommensteuer 200 € plus aller eingenommener Umsatzsteuer auf das Tagesgeldkonto wandern. Die knapp 1.500 € von denen Sie leben wollen würden Sie auf Ihr

Privatkonto überweisen.

Da je nach Zahlfreudigkeit Ihrer Kunden oft zwischen den Konten hin- und herüberwiesen werden muss, ist es notwendig wenigstens alle zwei bis drei Tage den Stand der Konten zu prüfen und einen Überblick über die laufenden Zahungsverpflichtungen zu haben. Da genau dies etwas Erfahrung benötigt, empfehle ich das Dreikontenmodell nach eineinhalb bis zwei Jahren Selbständigkeit und einem Umstz von über 30.000 €. Darunter fließen betriebliche und private Ein- und Auszahlungen oft zu sehr ineinander, so daß die Kontentrennung nicht sinnvoll ist und nicht zur Übersicht beiträgt.

6 TERMINPLANUNG

Die Terminplanung hat grundsätzlich nichts mit der Buchhaltung zu tun. Da, wie bei den Reisekosten dargestellt, eventuell aber zusätzliche Angaben vonnöten sind, spielt die Art des Kalenders den Sie nutzen soch eine gewisse Rolle. Grundsätzlich können Sie davon ausgehen, daß Ihr Kalender zu den aufbewahrungspflichtigen Buchhaltungsunterlagen gehört. Sofern Sie einen Papierkalender verwenden ist das einfach. Nicht mehr so einfach ist das bei elektronischen Kalendern. Google löscht beispielsweise nach einigen Monaten stillschweigend die Termine, die oft über ein Smartphone eingegeben wurden. Zum Nachhalten für die Buchaltung oder zur Verwendung für die Reisekostenabrechnung ist also immer ein lückenloser Ausdruck nötig. Ähnlich verhält es sich bei anderen Internetdienstleistern. Elektronische Kalender sind nur dann auf Dauer zulässig, wenn diese auch im Prüfungsfall nach sieben Jahren noch die gleichen Daten enthalten. Da hier aber jederzeit ein "Frisieren" des Kalenders möglich wäre muß ich trotzdem dringend zur ergänzenden Papierarchivierung, also dem Ausdrucken raten. Auch die für die Reisekostenabrechnungen nötigen Ergänzungen könnten auf dem Ausdruck vorgenommen werden.

Dieses Kapitel heißt "Terminplanung" und nicht "Kalenderverwaltung". Deshalb möchte ich auch ein paar Takte zur täglichen Terminplanung loswerden. Meine Erfahrung besagt, daß man bei vielen parallel laufenden Aktivitäten zwangsläufig irgendwann den Überblick verliert. Anfänglich habe ich mich morgens hingesetzt und mir eine Checkliste für den Tag erstellt. Wer eher papiergebunden denkt ist damit sicher gut beraten. Eine gute Alternative zu einer bloßen Liste ist eine Mindmap, da zu einem Thema gruppiert die Aktivitäten übersichtliche dargestellt erden können. Das habe ich eine Zeitlang mittels eines amerikanischen Cloud-Dienstes im Internet erstellt. In diese Übersicht habe ich auch die ToDos meiner Kunden eingetragen. Auch für Smartphones gibt ein ein paar gute Apps (Programme), die analog der morgendlichen ToDo-Liste die offenen oder für diesen Tag anstehenden Aufgaben einmal durchspielen.
Egal, wie Sie es technisch verwalten. Das morgendliche Vorausdenken des Tages bringt Struktur, Übersicht und Sicherheit.

7 NACHWORT

Untypischerweise habe ich das Schreiben dieses Buches primär als eBook geplant gehabt. Kaum war dieses erschienen, kam die Nachfrage nach einer Druckversion. Da dies zwischenzeitlich ohne hohe Vorabkosten per Print on Demand möglich ist, habe ich mich dazu entschlossen, die Papierausgabe im Nachgang noch vorzunehmen.
Im eBook habe sehr viele Links zu Wikipedia und anderen Portalen, sowie zu Kapiteln innerhalb des Buches eingebaut. Zum Nachschlagen während des Durcharbeitens ist dadurch ein eBook sehr gut geeignet. Eventuell erwerben Sie ja auch beide Varianten und sichern sich somit die Vorteile aus beiden Welten.

Über Rückmeldungen zu diesem Buch von Ihnen würde ich mich freuen. Bitte schreiben Sie mir unter info@gruendeninkiel.de. Verbesserungsvorschläge nehme ich gerne für eine zweite Auflage auf.

STEFAN SCHOLZ

Das eBook habe ich mit Sigil, zuletzt der Version 0.7.3, erstellt. Das Finish wurde mit calibre, zuletzt der Version 1.7 vorgenommen. Beide Programme nutze ich in der portablen Version zum Einsatz auf verschiedenen Rechnern. Daraus wurde dann das Buch mittels LibreOffice Writer in der Version 4 abgeleitet.
Manche Darstellungen in diesem Buch mögen von relativ schlechter Qualität sein. Das läßt sich teilweise kaum vermeiden, da es sich um Bildschirmkopien handelt, welche nicht unbedingt in der für den Papierdruck nötigen Auflösung zur Verfügung stehen.

BUCHHALTUNG – Einstieg für Gründer und Selbständige

8 ANHANG

Inhalte einer ordnungsgemäßen Rechnung:

Die ordnungsgemäße Rechnung

Im Folgenden sind die für einen Vorsteuerabzug notwendigen Angaben

in SO  markiert, die zusätzlichen, sinnvollen Angaben

SO.

(C) Stefan Scholz 2013, gruendeninkiel.de

Bei Firmenkunden muß der Empfänger unbedingt mit der korrekten Firma genannt werden.
„Max Müller" ist eben nicht „Max Müller GmbH" und auch nicht „Max Müller GmbH & Co. KG". Ist der Auftraggeber Max Müller GmbH & Co. KG, kann eine Max Müller GmbH KEINE VORSTEUER abziehen, wenn die Firma falsch auf der Rechnung steht!

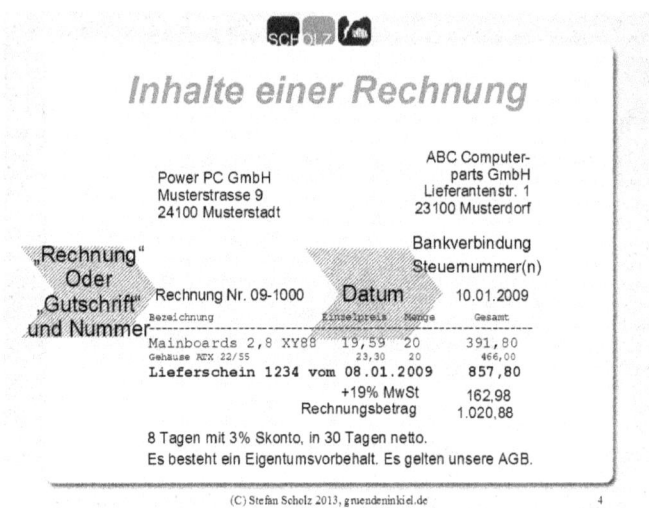

Die Rechnungs- und Gutschriftsnummern müssen einen über die Jahre hinweg unterscheidbaren Nummernkreis bilden. SIE müssen anhand der Nummer das zugehörige Geschäftsjahr erkennen können. Es ist nicht nötig, daß der Kunde das erkennen kann.
„2013-00123" ist also ebenso in Ordnung, wie „C00123", wenn für Sie klar ist, daß „C" auf 2013 hinweist.

BUCHHALTUNG – Einstieg für Gründer und Selbständige

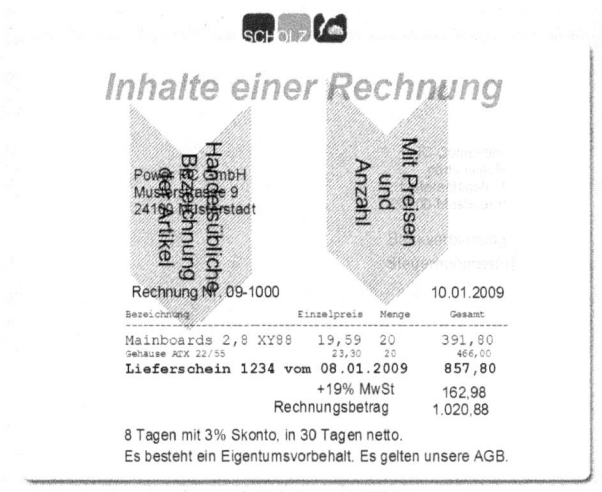

Aus der Rechnung muß zweifelsfrei hervorgehen, was da an Leistung(en) verkauft wurde. Kürzel, wie „ABC 455-x", wie sie teilweise bei diversen Technik-Discountern verwendet werden weisen eventuell auf den Typ 455-x des Herstellers ABC hin, sind aber keine vollständige Bezeichnung. Diese Kürzel werden nur bis 150€ Rechnungssumme vom Finanzamt akzeptiert. -> Lassen Sie sich eine ausführliche Rechnung ausstellen!

Inhalte einer Rechnung

Power PC GmbH	ABC Computer-
Musterstrasse 9	parts GmbH
24100 Musterstadt	Lieferantenstr. 1
	23100 Musterdorf

Ggf. mit Lieferdatum

Bankverbindung
Steuernummer(n)

Rechnung Nr. 09-1000   10.01.2009

Bezeichnung	Einzelpreis	Menge	Gesamt
Mainboards 2,8 XY88	19,59	20	391,80
Gehäuse ATX 22/55	23,30	20	466,00
Lieferschein 1234 vom 08.01.2009			**857,80**
	+19% MwSt		162,98
	Rechnungsbetrag		1.020,88

8 Tagen mit 3% Skonto, in 30 Tagen netto.
Es besteht ein Eigentumsvorbehalt. Es gelten unsere AGB.

(C) Stefan Scholz 2013, gruendeninkiel.de

Inhalte einer Rechnung

Power PC GmbH
Musterstrasse 9
24100 Musterstadt

Mit Nettopreis

Rechnung Nr. 09-1000

Bezeichnung	Einzelpreis	Menge	Gesamt
Mainboards 2,8 XY88	19,59	20	391,80
Gehäuse ATX 22/55	23,30	20	466,00
Lieferschein 1234 vom 08.01.2009			**857,80**
	+19% MwSt		162,98
	Rechnungsbetrag		1.020,88

8 Tagen mit 3% Skonto, in 30 Tagen netto.
Es besteht ein Eigentumsvorbehalt. Es gelten unsere AGB.

% MwSt, MwSt-Betrag, Bruttobetrag

(C) Stefan Scholz 2013, gruendeninkiel.de

BUCHHALTUNG – Einstieg für Gründer und Selbständige

Inhalte einer Rechnung

Power PC GmbH
Musterstrasse 9

Bankverbindung

ABC Computer-
parts GmbH
Lieferantenstr. 1
23100 Musterdorf

Bankverbindung
Steuernummer(n)

Rechnung Nr. 09-1000   10.01.2009

Bezeichnung   Einzelpreis   Menge   Gesamt

Mainboards 2,8 XY88   19,59   20   391,80
Gehäuse ATX 22/55   23,30   20   466,00
Lieferschein 1234 vom 08.01.2009   857,80

+19% MwSt   162,98
Rechnungsbetrag 1.020,88

8 Tagen mit 3% Skonto, in 30 Tagen netto.
Es besteht ein Eigentumsvorbehalt. Es gelten unsere AGB.

Inhalte einer Rechnung

Power PC GmbH
Musterstrasse 9
24100 Musterstadt

ABC Computer-
parts GmbH
Lieferantenstr. 1
23100 Musterdorf

**Steuernummer
und ggf. Umsatzsteuer-
Identnummer**

Bankverbindung
Steuernummer(n)

10.01.2009

Bezeichnung	Einzelpreis	Menge	Gesamt
Mainboards 2,8 XY88	19,59	20	391,80
Gehäuse ATX 22/55	23,30	20	466,00
Lieferschein 1234 vom 08.01.2009			**857,80**
+19% MwSt			162,98
Rechnungsbetrag			1.020,88

8 Tagen mit 3% Skonto, in 30 Tagen netto.
Es besteht ein Eigentumsvorbehalt. Es gelten unsere AGB.

Inhalte einer Rechnung

Power PC GmbH
Musterstrasse 9
24100 Musterstadt

ABC Computer-
parts GmbH
Lieferantenstr. 1
23100 Musterdorf

Hinweis auf Forderungsabtretung, z.B. Factoring

10.01.2009

Bezeichnung			Gesamt
Mainboards 2,8 XY88			391,80
Gehäuse ATX 22/55			466,00
Lieferschein 1234			**857,80**
+19% MwSt			162,98
Rechnungsbetrag			1.020,88

8 Tagen mit 3% Skonto, in 30 Tagen netto.
Es besteht ein Eigentumsvorbehalt. Es gelten unsere AGB.

BUCHHALTUNG – Einstieg für Gründer und Selbständige

www.ingramcontent.com/pod-product-compliance
Lightning Source LLC
Chambersburg PA
CBHW051732170526
45167CB00002B/901